Welche Eltern kennen das nicht? Übervolle Kinderzimmer, vollgestopft mit Barbies, Spielkonsolen, Lego-Steinen, Playmobil-Burgen und Pokémon-Karten. Und ständig das Quengeln nach mehr.

Die aggressive Offensive der Konzerne scheint aufzugehen. Noch nie gab es soviel Werbung, die einzig und allein dazu dient, Kinder zum Konsum zu bewegen. Klare Markenbindungen werden gezielt aufgebaut, denn die Kinder von heute sind die Konsumenten von morgen. Die Konsumevolution von »Immer-mehr« zum »Alles« scheint geradezu zwangsläufig. Für die Konzerne lohnt es sich: In Deutschland verfügen allein 6- bis 13-Jährige jährlich über eine Finanzkraft von über sechs Milliarden Euro, trotz sinkender Realeinkommen in den Familien.

Marita Vollborn
Vlad Georgescu

Konsumkids

Wie Marken unseren Kindern
den Kopf verdrehen

S. Fischer

© S. Fischer Verlag GmbH, Frankfurt am Main 2006
Alle Rechte vorbehalten
Satz: H & G Herstellung, Hamburg
Druck und Bindung: GGP Media GmbH, Pößneck
Printed in Germany
ISBN-10: 3-10-027817-8
ISBN-13: 978-3-10-027817-3

Inhalt

Inhalt 5

Danksagung 7

Einleitung 9
Die Kindheit im Konsumzeitalter

Kinder im Visier der Unternehmen 27
*Medien und Kommunikation – die Trojanischen Pferde der Konsumgüter-industrie – Zeitschriften als erste Stufe für den Kundenfang –
Und ewig lockt das Internet – Die Handymanie – »In« ist, wer alles
hat – Dick und doof durch Werbung? – Neue Feste braucht das
Land – Suchtrisiko als Geschäft – »Neuer Trend Komasaufen« –
Cool mit Zigarette – Die simulierte Erinnerung – Die düsteren
Prophezeiungen des Neil Postman – Politik: Zeit ist Geld*

Neuromarketing: Angriff aufs Kinderhirn 73
*Nervenzellen und ihr Zusammenspiel – Wer das Gehirn formt,
gewinnt – Zuwendung als Fundament einer gesunden Entwicklung –
Kaspar Hauser heute: das Fernsehkind – Verkaufsargument
3-Jahres-Mythos – Klein-Mozart im Mutterleib? – Fürs Baby ist
weniger oft mehr – »Ich will!« Über das Sein und Haben im Trotzalter*

Das Spiel und seine Bedeutung für den Konsum 101
*Vorgefertigtes und elektronisches Spielzeug – Selber machen bringt das
Gehirn auf Trab – Sein oder nicht sein? Die Crux mit den Computer-spielen – Schüren »Ballerspiele« Aggressionen? – Ein Katzen-experiment bringt Klarheit – Gruppenspiel: zwischen Sozialisation und
Aggression – Gruppenkrach macht sozial – Der Sieg ist das Ziel –
Gewaltspielzeug und seine Folgen – Der Einfluss von Action-Spielzeug
auf die Kinderseele – Jungen in der Männerfalle – Action Man will
Abenteuer – Männliche Aggression als Tugend – Von kleinen Tech-nikern und Pflegerinnen – Spots für Mädchen – Spots für
Jungen – Mädchen, das »zweite« Geschlecht*

Ohne Worte: Wie Konsum das Sprachvermögen zerstört 137

Die elektronische Aufrüstung – Sprechen lernen – die natürlichste Sache der Welt? – Kassen klingeln, Kinder verstummen – Was aber, wenn die Worte fehlen?

Geschmacklos in die Zukunft 151

Die schöne neue Welt der Nahrungsmittelindustrie – Der verbogene Geschmack – Fehlgeschmack und Fehlernährung – Die Botschaft macht das Lebensmittel – Träume von der Punica-Oase

Tricks 167

Der gekonnte Umgang mit dem Internet – ANDERS! ist cool – einige Beispiele – Joghurt für alle

Tipps 175

Fernsehen – Zuwendung/Beschäftigung – Grenzen/Verantwortung – Spielzeug – Computer/Internet

Anmerkungen 181

Danksagung

Wir danken unseren Kindern Clio, Lynn und Orell für die unschätzbare Möglichkeit, Tag für Tag miterleben zu dürfen, unter welch massivem Konsumdruck Kinder heute stehen. Sie haben uns sensibilisiert für die Macht der Medien, der Werbung und der Gruppe, und sie haben uns gezeigt, wie wertvoll der Augenblick, die Neugier und die Sinne wirklich sind. Unserer Tochter Clio danken wir für das Testen von Online-Spielen und ihren Tatendrang, bei Freunden und Bekannten nach deren Mediennutzung und Konsumgewohnheiten zu fragen.

Und nicht zuletzt danken wir unserem Trio für seine Geduld, die es für uns während des Schreibens dieses Buches aufgebracht hat.

Einleitung

Kinder sind die Zukunft einer Gesellschaft. Weil das so ist, haben Marketingstrategen und Vertriebsspezialisten nahezu aller Branchen die jüngste Generation ins Visier genommen. Allein in den USA geben Konzerne über 15 Milliarden US-Dollar für Werbung aus, die einzig und allein ein Ziel verfolgt: die Kinder von heute zu Konsumenten von morgen zu erziehen.

Dass die seit Jahren immer aggressivere Offensive funktioniert, belegen nüchterne Zahlenreihen. Allein in der Bundesrepublik sorgen Kinder schon im zarten Alter von zwei Jahren für einen Markt von rund 50 Milliarden Euro; weltweit verdienen Unternehmen mehr als 300 Milliarden US-Dollar pro Jahr mit Spielwaren, Getränken, Nahrungsmitteln oder Musik. Vor allem aber potenziert sich die Lust materieller Bedürfnisbefriedigung mit den Lebensjahren: Interne Untersuchungen führender Unternehmen zeigen, dass das Kind eine klare Markenbindung entwickelt, während es zum Teenager heranwächst. Barbie, Pokémon, Lego oder YuGiOh sind dabei nur Stationen – die Konsumevolution vom »Immer-Mehr« über das »Immer-Teurer« zum »Alles!« (...) scheint geradezu zwangsläufig. Dabei legen Marketing-Blockbuster das Fundament für das spätere Lifestyle- und Wellness-Programm der jungen Erwachsenen – sie garantieren, dass mit dem Umfang und der Spezifität des Warenverbrauchs auch Gruppen- und Selbstwertgefühl steigen. Auf dem Schlachtfeld des Konsums mutiert das elterliche Budget zum Kanonenfutter; Mutter und Vater werden zu Geldgebern und scheinen sogar ihre Einflussfähigkeit, ja sogar ihre Erziehungsfunktion einzubüßen. Tatsächlich widersteht nur ein Bruchteil von ihnen den permanenten Bettelattacken ihrer Sprösslinge: Nur neunmal muss ein Kind durchschnittlich nörgeln, bis die Eltern aufgeben und den Geldbeutel zücken, fand Buchautorin Susan Linn[1] heraus.

Doch Konsumzwang und gewandelter Elterntypus bilden nur die eine Seite der Medaille. Die andere fällt wesentlich schwerer ins Gewicht und lässt auf eine problematische Zukunft schließen: Die Erwachsenen von morgen haben ihre Kindheit eingebüßt – sie leiden schon als Knirpse unter dem Primat des Geldes. Noch nie verfügte beispielsweise die Gruppe der 8- bis 14-Jährigen über so viel »Taschengeld« (durchschnittlich 1611 Euro im Jahr), noch nie verhielten sich Kinder so »erwachsen«. Psychologen beobachten daher mit Sorge massive Fehlentwicklungen in der Sozialisation als Folge des Konsumwahns. Der Verlust der Kreativität ist ebenso zu beklagen wie die immer häufiger auftretenden Phasen von Realitätsverlust. Selbst schwerwiegende und nachhaltige gesundheitliche Schäden gehören zu den fatalen Folgen des Konsumwahns – den die Industrie mit raffinierten Methoden vorantreibt und dem in erster Linie Kinder, und ihre Eltern, unterliegen.

Doch es besteht Grund zur Hoffnung. Auch ohne radikalen Konsumentzug lassen sich die Strategien der Werbe- und Verkaufsgiganten durchkreuzen – und Kinder zu selbstbewussten Menschen erziehen, die später autonom entscheiden können, was sie wirklich brauchen. Auch dient die zunehmende Reizüberflutung mit den Botschaften der Konsumgüterindustrie nicht selten als wirksames Hilfsmittel.

Die Kindheit im Konsumzeitalter

Jede Offensive der Marketingstrategen beginnt mit einer simplen Frage, die es vor Beginn einer neuen Produktkampagne immer wieder zu klären gilt: Was ist Kindheit? Wer den Begriff »Kindheit« deuten will, stößt nicht nur in den Chefetagen der Unternehmen schnell an die Grenzen eines Erklärungsversuchs. Die Kindheit als solche gibt es nicht. Sie ist weit mehr als eine Zeit der Reife; sie ist ein soziales Phänomen, von historischen Faktoren abhängig und davon, was Erwachsene sich unter der Daseinsform »Kind« vorstellen.

Letztlich sind es stets Erwachsene, die Kindern Rollen zuweisen, die Regeln festsetzen und bestimmte Erwartungen an sie knüpfen. Erwachsene »konstruieren« Kindheit – und selbst in der Erinnerung an die eigene Kindheit sind sie nicht frei vom Blickwinkel Dritter.

Die Kindheit, wie wir sie kennen, ist vom Lernen geprägt, von Schutz und Erziehung; Kinder sollen ihre Persönlichkeit entfalten, ihre Talente und Fertigkeiten entwickeln können, »sich selbst finden«. Hierzulande muss kein Kind arbeiten, um seine Existenz und die seiner Familie zu sichern. Und das Kind gilt nicht mehr nur als »unbeschriebenes Blatt« – es wird als Individuum geachtet, verdient besondere Aufmerksamkeit. Kindern von heute billigt die Gesellschaft eine aktivere Rolle bei der Gestaltung von Kindheit zu, sie hält sie nicht mehr für passive Wesen, die permanent bevormundet und geführt werden müssen. Sie lässt sie nicht nur teilhaben an der Welt der Erwachsenen, sondern erhöht ihren Status. Kinder treffen plötzlich Entscheidungen, leben selbstbestimmter, entfalten eine eigene Kultur. Und das macht sie für Unternehmen so interessant: die Ambivalenz von Unwissenheit und Autonomie, gepaart mit finanzieller Macht.

Nie zuvor besaß eine junge Generation so viel Geld wie heute, nie zuvor war ihr Einfluss auf die Kaufentscheidungen der Eltern größer. Die Sechs- bis 13-Jährigen in Deutschland verfügen jährlich über eine Finanzkraft von mehr als sechs Milliarden Euro – trotz sinkender Realeinkommen der Familien und eines wachsenden Anteils von Kindern, die von Sozialhilfe leben, ist die Summe in den vergangenen Jahren kontinuierlich gestiegen[2] – ebenso wie das Taschengeld, das mittlerweile bei durchschnittlich 20 Euro pro Monat liegt. Rechnet man Nebenjobs und Geldgeschenke mit ein, können Elf- bis 14-Jährige schon rund 38 Euro, 15- bis 19-Jährige 95 Euro pro Monat ausgeben[3]. Wo der nächste Urlaub verlebt, welche Möbel angeschafft werden sollen, welche Lebensmittel auf den Tisch kommen und welches Auto die Familie fährt, darüber haben Kinder heute ein gehöriges Wort mitzureden.[4] Gelingt es der Industrie, kindliche Bedürfnisse und Ansichten zu erkennen, sie sogar – und das ist das Optimum – zu kreieren, avancieren Kinder zu »Kunden in spe«, zu Käufern, zu treuen Konsumenten und zu Produktpropagandisten.

Diese Ökonomisierung, die Reduktion von Kindern auf ihren Marktwert, zeigt sich auch verbal. Während gestern Kinder einfach Kinder waren, sind sie heute »Kids«.

Was das Kind zum Kind macht, ist demnach eine Frage des Standpunkts und überall auf der Welt verschieden. So ist selbstverständlich, dass Kindheit im Sudan eine andere ist als in Frankreich und dass Kindheit im Nachkriegsdeutschland durch andere Merkmale gekennzeichnet war, als sie es heute in der globalen Industriegesellschaft ist.

Doch erklärt allein die ökonomische Stärke nicht die Unterschiede in der Betrachtungsweise von Kindheit, wie Untersuchungen aus den zwei Industrienationen, Japan und den USA, belegen. Historisch gewachsene Wertvorstellungen, die Kultur des Landes und seine Traditionen spielen ebenso eine Rolle. Während zum Beispiel japanische Eltern sehr viel Wert darauf legen, dass ihre Sprösslinge frühzeitig ihren Ärger im Zaum halten können und nicht weinen, dafür aber schon im zarten Alter von vier Jahren höflich und gehorsam sind, achten amerikanische Eltern vor allem auf die Kommunikationsfähigkeit und den Durchsetzungswillen ihrer Kinder: Im Idealfall übernehmen amerikanische Dreikäsehochs die Initiative beim Spiel, hinterfragen sogar die Entscheidungen Erwachsener und treten für ihre eigenen Rechte ein.[5] Andererseits ist der Medienkonsum japanischer dem amerikanischer Kinder sehr ähnlich – ebenso wie die Einstellung der Eltern gegenüber ihren medial aktiven Kindern. Amerikanische und japanische Kinder sind TV-Zombies, und ihre Eltern tolerieren das, ohne sich zu beunruhigen.

Kindheit verändert sich ständig. In einer Wohlstands- und Überflussgesellschaft sind Eltern nicht mehr darauf angewiesen, Kinder aus Gründen der Altersvorsorge in die Welt zu setzen. Jetzt bestimmen andere Motive den Kinderwunsch: die Sehnsucht, dem eigenen Leben einen Sinn zu geben, die Hoffnung auf familiäres Glück und emotionale Stabilität. Zudem assoziieren viele Erwachsene mit dem Begriff Kindheit Sorglosigkeit, Unbefangenheit, Originalität und Offenheit. Sie verklären sie als »zeitlose Zeit«, fernab von Terminen und Erfolgszwang, mythisieren und sentimentalisieren sie.

Auf der anderen Seite fordert die leistungsorientierte Spaßgesellschaft ihren Tribut; die Entscheidung für oder gegen ein Kind mutiert zunehmend zu einer reinen Kosten-Nutzen-Kalkulation, und zwar in materieller wie ideeller Hinsicht. Dabei sind es nicht nur existenzielle Unsicherheiten, eine mangelnde staatliche Unterstützung oder Angst vor sozialen Unwägbarkeiten, die Paare davon abhalten, sich für ein Leben mit Kindern zu entscheiden. Sie fühlen sich von dem weit verbreiteten Perfektionismusdenken, das eben auch nicht vor Familienfragen Halt macht, unter Druck gesetzt, sehen ihre Selbstverwirklichung in Beruf und Freizeit gefährdet, wollen ihre persönlichen Freiräume nicht beschneiden. Solche Gegenargumente wiegen schwer. Entsprechend eindeutig zeichnet sich ein demographisches Desaster ab. Längst steht nämlich die deutsche Bevölkerungspyramide Kopf und ein Heer immer älter werdender Erwachsener einer stetig schrumpfenden Menge an Kindern und Jugendlichen gegenüber. So hatte sich die Geburtenzahl seit Mitte der 1960er Jahre innerhalb von nur zehn Jahren beinahe halbiert. 1965 erblickten noch durchschnittlich 250 Kinder pro hundert Mütter das Licht der Welt, zehn Jahre später waren es nur noch 145 Kinder. Seit 1972 werden in Deutschland weniger Menschen geboren als sterben. Derzeit hat sich die Zahl der Neugeborenen, bezogen auf hundert Frauen, auf durchschnittlich 125 eingependelt. Damit sich eine Generation allerdings vollständig reproduzieren kann, müsste jede Frau mindestens zwei Kinder bekommen.[6]

Der Leipziger Fragebogen zu Kinderwunschmotiven (LKM)[7] untersuchte, wie Frauen und Männer im Alter zwischen 16 und 45 Jahren Kindern gegenüber eingestellt sind. Dabei zeigte sich, dass vor allem ältere Erwachsene aus emotionalen Gründen Nachwuchs befürworten, während jüngere persönliche Einschränkungen und Probleme befürchten. Auch wurden Unterschiede innerhalb der Bundesländer deutlich. Demnach verbinden Westdeutsche mit einem Kind einen deutlichen Wunsch nach sozialer Anerkennung und Identität, erwarten aber im Gegenzug eine drastischere Schmälerung ihrer Freiheiten als Ostdeutsche, für die ein Kind vor allem Sinnfindung bedeutet.

Der gesellschaftliche Wandel bedingt nicht nur eine Veränderung der Kindheit, sondern auch des »Status Kind« – und das hat wiederum Auswirkungen auf die individuelle Lebenswelt des einzelnen Kindes. Seit Jahrzehnten beobachten Forscher diese Veränderung: Die Industrialisierung, Technisierung und Modernisierung schreitet schneller denn je voran, in der gleichen Geschwindigkeit wächst das Maß an Individualisierung. Heute hat der Begriff »Kindheit« seine Allgemeingültigkeit verloren. Eine Art Kindheits-Diversität hat sich durchgesetzt. Schon in den ersten Lebensjahren leben Kinder in völlig unterschiedlichen Welten. Da gibt es jene,

– die als Einzelkinder in der »Familie nach der Familie« aufwachsen: in Einkind-Familien, Einelternfamilien, in gleichgeschlechtlichen Partnerfamilien,

– deren Zeit institutionalisiert ist, die eine Art »Veranstaltungskindheit« verbringen. Sie werden von Termin zu Termin gehetzt; pädagogische, familiäre und außerfamiliäre Betreuungsangebote bauen nicht aufeinander auf und widersprechen einander,

– die fernab der Öffentlichkeit eine »verhäuslichte Innenraumkindheit« leben. Die Öffentlichkeit hat keinen Blick mehr für Kinder und übernimmt keine Verantwortung für sie, die Kinder werden in der Familie »eingemauert«,

– die auf Grund ihres geringeren sozialen Status oder geringerer Einkünfte der Eltern von (wohlhabenderen) Spiel- und Schulgefährten ausgegrenzt werden. Sie erleben eine »ökonomisierte Armutskindheit«, auch Armutsverwahrlosung genannt,

– die wegen ihres Wohlstands von anderen isoliert werden – die so genannte Wohlstandsverwahrlosung,

– die ihre Umwelt lediglich »aus zweiter Hand« über die Medien erfahren, nicht aber primär und unmittelbar,

– deren Kindheit durch Gewalt gekennzeichnet ist – als Opfer oder als Täter,

– die frühzeitig sexuelle Kontakte haben und die Lebensweise Erwachsener kopieren (»Kurzzeitkindheit«).[8]

Kindheit ist eine Sozialform, sie ereignet sich in einem Mikrokosmos. Oder, anschaulicher: Das Kind lebt in einem Haus mit hundert Fenstern, und jedes Fenster gewährt ihm den Blick in eine andere Welt. Die Verwirrung über die vielerlei Wertvorstellungen, Lebensstile und Sozialstrukturen erschwert es ihm, sich zurecht- und einen Weg ins eigene Erwachsenendasein zu finden.

Was die heutige Kindergeneration, von Ausnahmen abgesehen, gemeinsam hat, ist ihr Verhältnis zu Raum und Zeit. Raum und Zeit haben für sie eine andere Dimension als für die Generationen vor ihnen.

Seit dem Zweiten Weltkrieg fordern Verkehr und Bau enorm viel Fläche. Immer weniger Menschen nehmen immer mehr Fläche in Anspruch. Im Durchschnitt beansprucht jeder Einzelne von uns täglich rund 120 Hektar Fläche – das sind 120 Fußballplätze. Mittlerweile ist die Bundesrepublik ein Flickenteppich aus rund vier Milliarden Hektar Siedlungs- und Verkehrsfläche geworden, davon 25 Prozent Wohnbauflächen, 28 Prozent Gewerbeflächen und 40 Prozent Verkehrsflächen. Selbst die Stadt als solche hat sich gewandelt. Traditionell sind europäische Städte gekennzeichnet durch eine Mischnutzung aus Wohnen, Industrie und Gewerbe. Dieses Bild gehört der Vergangenheit an; der Trend deutet in eine andere Richtung. Nach amerikanischem Vorbild wohnt man heutzutage im Vorort, kauft im außerhalb des Zentrums gelegenen Supermarkt ein, geht in der Peripherie oder darüber hinaus seiner Arbeit nach und erledigt sämtliche Wege mit dem Auto. Gerade Letzteres kostet das Umland zusätzliche Erschließungsflächen.[9] Die ursprüngliche Funktionsfülle einer Stadt oder Gemeinde ist in ihre Bestandteile zerlegt, ethnische Gruppen bleiben ausgegrenzt, ursprüngliche soziale Gefüge geraten ins Wanken. Für Kinder bedeutet das:

– Sie sind in ihrem Bewegungsradius stark eingeschränkt. Der dichte Verkehr gefährdet sie. Verkehrsunfälle sind nach wie vor die häufigste Todesursache im Kindesalter.

– Sie verlieren ihre Mobilität und lernen später als früher, sich »draußen« zurechtzufinden.

– Ihr Lebensraum »verinselt«. Sie sind permanent auf Erwachsene angewiesen, wollen sie Freunde besuchen oder Freizeitangebote nutzen. Die Gruppenbildung leidet. Feste soziale Bindungen werden durch häufig wechselnde funktionsbezogene ersetzt.

– Natürliche Spielräume werden kleiner. An deren Stelle treten von Erwachsenen konzipierte künstliche Spielwelten, die wenig geeignet sind, kindlichen Erfindungsreichtum zu fördern und ihren Erfahrungsschatz zu erweitern. Die Phantasie bleibt auf der Strecke, ebenso wie der Bezug zur Natur. Im Vergleich zu früheren Jahrzehnten kann kaum mehr ein Kind einheimische Singvögel beim Namen nennen, kennt sich dagegen aber mit der Bedienung elektronischer Spiele oft besser aus als seine Eltern.[10]

Heutzutage spielen viele Kinder nach dem Terminkalender. Nicht nur, dass es meist Erwachsene sind, die die Treffen ihrer Sprösslinge vereinbaren und in ihre eigenen engen Zeitfenster pressen, weil sie sie dorthin fahren und wieder abholen müssen. Auch hat sich die Freizeit in den vergangenen Jahrzehnten zum Event-Zyklus gewandelt, zur Selbstfindungsstrategie, zum Gegenpol staatlicher und kirchlicher Organisation. Die Motive, warum Eltern die Woche ihrer Kinder gänzlich verplanen, sind vielfältig. Die einen projizieren ihre eigenen, unerfüllten Wünsche auf ihre Nachkommen, andere wollen nichts falsch machen, den Kindern den besten Start ins Leben geben, und für Dritte schafft deren Abwesenheit einfach Ruhe oder schlicht Zeit für sich.

Natürlich hat die Vielfalt der Angebote auch ihre Vorteile: Spezifische Interessen können geweckt, Talente herausgearbeitet werden. Doch allein das vernünftige Maß an Aktivitäten entscheidet darüber, wie nachhaltig eine solche Förderung ist – und das ist längst überschritten (siehe dazu auch Kapitel »Hirnentwicklung«). Schon die Kleinsten hetzen von Termin zu Termin; je älter Kinder werden, desto öfter gehören die Nachmittage fremdgesteuerten Beschäftigungen. So erfahren sie früh das Gefühl, wie es ist, keine Zeit zu haben.

Materieller Mangel ist das Problem einer Minderheit. Dem 2. Armuts- und Reichtumsbericht der Bundesregierung zufolge sind vor allem die insgesamt rund 1,5 Millionen Alleinerziehenden in den unteren Einkommensgruppen vertreten. Fast zwei Drittel von ihnen verdient monatlich weniger als 2000 Euro, ein Drittel weniger als 1300 Euro netto. Dagegen zählen Paare mit Kindern deutlich häufiger zu den Haushalten mit mittlerem und höherem Einkommen.[11]

So bietet sich in den meisten deutschen Kinderzimmern das gleiche Bild: Unmengen an Spielzeug lassen Regale ächzen und die Tapete hinter Bergen an Playmobil, Barbie-Puppen, Kuscheltieren, Kisten voller Gameboys, Pokémon- und Yu-Gi-Oh!-Karten, Diddl-Blöcken, Hörspielkassetten und CDs verschwinden – nicht zu vergessen all die verstümmelten Plastikautos, fragmentarisch erhaltenen Gesellschaftsspiele, die Relikte vergangener Kindergeburtstage und Happy Meals, großelterlicher Spendierwut und elterlicher Nachgiebigkeit. Darüber hinaus gilt für viele der 3,4 Millionen Einzelkinder in Deutschland das Vier-zwei-eins-Schema: vier Großmütter und -väter, dazu zwei Eltern[12]. Erhält das Kind zu den wichtigsten Anlässen, also zu Ostern, zum Geburtstag und zu Weihnachten, von jedem Paar jeweils drei Geschenke, häufen sich innerhalb von nur fünf Jahren 135 Spielsachen an – nicht gezählt die vielen kleinen Gelegenheiten, dem Kind und sich eine Freude zu bereiten, nicht gezählt auch die Präsente von Freunden und Spielkameraden.

Trotz angeblicher Konsumflaute geben die Deutschen erstaunlich viel Geld für die Unterhaltung ihrer Nachkommen aus. Einer repräsentativen Umfrage zufolge, vom Online-Versandhaus my-Toys.de kurz vor Weihnachten 2004 in Auftrag gegeben, wollten Eltern durchschnittlich 362 Euro pro Kind für das Fest der Feste ausgeben: Demnach konnte sich ein Knirps zwischen zwei und fünf Jahren über Geschenke im Wert von 242 Euro freuen, ein Sechs- bis Achtjähriger Gaben für insgesamt 311 Euro erwarten und der jugendliche Spross davon ausgehen, dass die Eltern insgesamt 423 Euro in Geschenke investieren.[13] So verwundert es nicht, dass Spielzeugabteilungen in großen Kaufhäusern an einem einzigen langen Samstag bis zu 7000 Kunden zählen und nach Ladenschluss 200 000 Euro Umsatz verbuchen.[14]

Besonders gut verkauft sich dabei Spielzeug, dem eine »starke Geschichte« zugrunde liegt. Beispielsweise gibt es zum Phantasie-Spektakel »Der Herr der Ringe« nicht nur DVDs, Spiele, Tabletops

oder Themenboxen, sondern auch Actionfiguren, für Harry-Pot-
ter-Fans produziert Lego unter anderem Hagrids Hütte, Hogwarts
Express oder Draco und den Hippogreif. Auch Spielsachen, die der
kindlichen Sammelleidenschaft zupass kommen wie Pokémon-
und Yo-Gi-Oh!-Karten oder Diddl-Zubehör oder solches, das mit
neuer Technik ausgestattet ist, verkaufen sich gut. Die materiellen
Zuwendungen der Eltern (und Großeltern) kennen kaum Grenzen.
Beinahe alles, was Kinder haben wollen, bekommen sie auch. Laut
Statistischem Bundesamt in Wiesbaden geben Eltern bis zur Hälfte
ihres monatlichen Haushaltsnettoeinkommens für ihre Kinder aus;
selbst wenn Miete und Möbel hierin anteilig mitgerechnet sind,
bleibt mehr als genug für Markenkleidung und kindliche Kurzweil.
Je nach Einkommen und Kinderzahl summieren sich die Ausgaben
pro Nachkomme und Monat auf 255 bis 865 Euro.

Dem gegenüber steht die geringe Halbwertszeit der meisten
Spielzeuge: Was heute angesagt ist, landet schon morgen in der am
wenigsten frequentierten Ecke des Kinderzimmers. Die Lösung für
das Problem ungezählter und ungeliebter Spielsachen bietet sich in
Form von Flohmärkten, die als Entsorgungszentrale für den Überfluss dienen. Wenn sie dort keinen neuen Besitzer finden, landen sie
im Hausmüll.

Kinder lieben Technik. Blinkende Lämpchen, knarrende Räd-
chen und dudelnde Tasten faszinieren schon Babys. Klassisches
Holzspielzeug wie Zoo- und Bauernhoftiere, schlichte Puppenstu-
ben oder perfekt imitierte Lebensmittel, Haushaltsgegenstände und
Ladeneinrichtungen rangieren auf der Beliebtheitsskala weit hinter
elektronischem und technischem Spielzeug. Der Druck der Dauer-
innovation pflanzt sich, ausgehend von den Freunden in Kindergarten und Schule, bis ins heimische Kinderzimmer fort.

Die Welt der Kinder ist medial geprägt. Fernsehen, Computer,
Internet und Handys sind selbstverständliche Bestandteile ihres Alltags geworden. Welche Medien Kinder besonders schätzen und wie
oft und zu welchem Zweck sie diese nutzen, ist stark abhängig von
äußeren Rahmenbedingungen. Dazu zählen unter anderem die Fa-
milienkonstellation, die Wohnverhältnisse oder Freizeitmöglichkei-
ten in der näheren Umgebung.[15]

Die ARD/ZDF-Medienkommission und der Kinderkanal haben nach 1979 und 1990 auch im Jahr 2003 eine Studie zu Umfang und Art der Mediennutzung von zwei- bis fünfjährigen und sechs- bis 13-jährigen Kindern in Deutschland in Auftrag gegeben. Demnach ist beinahe jeder Haushalt – nämlich 90 Prozent – mit mindestens einem Fernseher, einem Radio, einem Videorecorder und einer Hi-Fi-Stereoanlage ausgestattet, ebenso gehören Festnetz-Telefon und Handy zum üblichen Equipment. In 60 Prozent der Haushalte steht ein Computer mit Internetanschluss.

Schon Zwei- bis Fünfjährige sind stolze Besitzer von Unterhaltungselektronik: 39 Prozent zählen einen Kassettenrekorder zu ihrem Hab und Gut, 17 Prozent ein Radio. Je älter die Kinder werden, umso umfangreicher wird auch ihr Medienpark. Knapp 40 Prozent der Sechs- bis 13-jährigen zappen sich auf einem eigenen Fernseher durchs Programm, 29 Prozent vertreiben sich mit einer eigenen Spielkonsole die Zeit. Die Industrie hat sich längst auf den »Markt der Jüngsten« eingestellt, indem sie speziell auf deren Motorik und Sinnesentwicklung abgestimmte Geräte anbietet. Meist handelt es sich um knubbelige Boxen mit einem übergroßen Bedienfeld voll farbenprächtiger Tasten. So lernen die Kinder schon im zarten Alter von zwei Jahren, ohne die Hilfe der Eltern oder größerer Geschwister Kassetten abzuspielen oder einen Sender einzustellen – eine strategisch wichtige Sensibilisierung und Kundenbindung hat begonnen.

Pünktlich zur Jahrtausendwende erreichte auch die Form verbaler Kommunikation eine neue Dimension. Denn Telefonieren vom heimischen Anschluss aus war gestern, SMSen und mobile Grüße über das Handy verschicken ist heute. 48 Millionen Mobilfunkkunden zählte die Branche damals – erstmals mehr, als Festnetzanschlüsse installiert waren. Bis September 2002 erhöhte sich die Zahl nochmals auf mehr als 57 Millionen und erreichte damit eine Marktdurchdringung von 69,7 Prozent.[16] Dass ein solcher Quantensprung nicht vor den Kinderzimmern Halt machen konnte, erscheint beinahe natürlich – und zwar ungeachtet dessen, dass die Wissenschaft bislang noch keine befriedigende Antwort auf die Frage nach Gesundheitsschäden durch Handys liefern konnte.

Mittlerweile wünschen sich drei Viertel aller Kinder bereits im Grundschulalter ein eigenes Handy; ein Fünftel der Sechs- bis 13-Jährigen besitzt sogar ein eigenes Gerät[17].

Ähnliches bestätigen Untersuchungen der Universität Mainz. Von insgesamt rund 2000 befragten Kinder aus 34 Grundschulen gehörte 35 Prozent ein eigenes Mobiltelefon. Während nur drei Prozent der Erstklässler über ein Handy verfügten, nahm die Zahl der Handybesitzer mit dem Alter sprunghaft zu. Schon rund ein Drittel der Drittklässler war mobil versorgt.

Ebenso eindeutig zeichnete sich der Trend bei den Jugendlichen ab. Seit der Medienpädagogische Forschungsverbund Südwest (mpfs)[18] den Handy-Besitz erstmals im Jahr 1998 erfasst hatte, telefonieren jetzt zehnmal mehr Jugendliche vom eigenen Gerät aus. Für 82 Prozent der 12- bis 19-Jährigen avancierte das Handy zum Statussymbol und ist mittlerweile ebenso notwendiges Accessoire wie Turnschuhe oder Piercing. Der Siegeszug des Mobiltelefons ist nicht mehr aufzuhalten.

Noch gehört das Herz vieler Heranwachsender dem Fernsehen. Immerhin 83 Prozent der Sechs- bis Dreizehnjährigen sehen mehrmals täglich fern[19], lediglich ein Drittel der Kindergartenkinder blättert gern in Bilderbüchern. Zwar ist die Zeit, die Kinder für Medien insgesamt aufwenden, geringer als die, die sie mit Spielen, Basteln oder Malen in der Wohnung oder später mit Freunden verbringen. Doch laut Aussagen der Eltern schauen ihre Sprösslinge immerhin rund 1,5 Stunden pro Tag fern.[20] Den Untersuchungen der Gesellschaft für Konsumforschung (GfK)[21] zufolge sieht die Realität etwas anders aus. Die GfK stützt sich bei ihren Erhebungen nicht auf die Erziehungsberechtigten, die ihre Angaben aus dem Gedächtnis heraus machen und in Viertelstunden einteilen müssen, sondern vertraut der Technik. Mit Hilfe eines speziellen Geräts misst sie die tatsächliche Nutzung im Sekundentakt. Demnach sahen Drei- bis Fünfjährige pro Tag insgesamt 68 Minuten fern, Sechs- bis 13-Jährige 30 Minuten länger und 14-bis 19-Jährige verbrachten insgesamt 113 Minuten vor dem Fernseher (siehe Tabelle 1 und Tabelle 2) .

Tabelle 1
Durchschnittliche Sehdauer pro Tag in Minuten 1998 bis 2004

Jahr	3–13 Jahre	12–19 Jahre	Gesamt
1998	99	117	188
1999	99	121	185
2000	97	118	190
2001	98	118	192
2002	97	118	201
2003	93	117	203
2004	93	114	210

Quelle: AGF/GfK Fernsehforschung

Tabelle 2
Durchschnittliche Sehdauer pro Tag in Minuten 2004

3–5 Jahre	68
6–9 Jahre	88
10–13 Jahre	113
14–19 Jahre	112

Quelle: AGF/GfK Fernsehforschung

Das Manko solcher Erhebungen allerdings liegt in der Statistik
selbst begründet: Es gibt nach wie vor Kinder, die das Fernsehen
recht wenig nutzen, sei es, weil die Eltern steuernd eingreifen oder
weil sie selbst andere Beschäftigungen vorziehen. Sie drücken den
Durchschnitt. Eigentlich wäre eine Einteilung in Viel- und Wenigseher sinnvoller, um die Situation besser einschätzen zu können. So
sehen in Deutschland zum Beispiel sechs Prozent aller Kinder – das
sind immerhin rund 600 000 – pro Tag mehr als drei Stunden fern.
Fast 100 000 Kinder sitzen sogar fünf Stunden und länger vor dem
Fernseher. Etwa 40 Prozent, also etwa 3,3 Millionen, verbringen
eine Stunde mit Fernsehen, zehn Prozent sind eher Wenigseher mit
unter dreißig Minuten täglich.[22]

Wie zu erwarten, unterscheiden sich die Lieblingssendungen der Kinder im Laufe ihrer Entwicklung enorm. Während der Favorit der Kleinen noch der Sandmann ist, schauen sich Sechs- bis 13-Jährige bevorzugt Erwachsenensendungen an: Zu den Highlights gehörten im Jahr 2004 »Wetten, dass?«, die Spiele der Fußballeuropameisterschaft, »Domino Day« auf RTL und »Der Schuh des Manitu« auf Pro7. Auf Platz 17 folgte die Real-Verfilmung des Comic-Klassikers Asterix und Kleopatra mit Gérard Depardieu »Asterix & Obelix: Mission Kleopatra« auf SAT.1 – eine Komödie für erwachsen gewordene Kinder – und auf Platz 20 schließlich »Toy Story 2« auf RTL.[23]

Viele Untersuchungen bestätigen, dass die meisten Kinder dann vor dem Fernseher sitzen, wenn kaum mehr altersgerechte Sendungen laufen: die Drei- bis Fünfjährigen von den frühen Abendstunden an bis 20 Uhr und die Sechs- bis 13-Jährigen sogar bis 22 Uhr. Nicht zuletzt deshalb reagierte der Kinderkanal (KI. KA) und verlängerte ab 2003 seine tägliche werbefreie Sendezeit um zwei Stunden – als öffentlich-rechtliche Antwort auf den werbeintensiven Sender Super RTL, der immerhin von einem Drittel der Kinder gezielt angesteuert wird.

Aus der Sicht der Heranwachsenden allerdings scheint der Zenit des Fernsehens bereits überschritten. Zwar ist es allgegenwärtig, längst zur medialen Institution avanciert. Doch birgt wohl gerade seine gewohnheitsmäßige Nutzung, seine selbstverständliche Eingliederung in das häusliche Leben die Gefahr, als althergebracht und damit langweilig zu gelten. Je älter die Kinder werden, desto weniger konsumieren sie Fernsehsendungen, stattdessen steigt ihr Interesse für Computer und Internet – für Medien also, die eine Grenze zwischen der eigenen und der Welt der Erwachsenen ziehen. Schon gegenüber 2000 hatte sich die Nutzungsintensität von Computer und Internet im Jahr 2002 deutlich erhöht. Damals hatten zwei Drittel der Sechs- bis 13-Jährigen bereits Erfahrungen mit dem Computer gemacht, jedes zweite Kind dieser Altersgruppe war schon einmal im World Wide Web gewesen.[24]

Für die These vom TV-Abnabelungsprozess spricht einiges. Besonders die 12- bis 17-Jährigen schätzen das Internet als riesigen

Chatroom, als schier unerschöpflichen Quell für Informationen rund um »ihre« Stars, zum Herunterladen von Musik oder in Form von Online-Rollenspielen zum Zeitvertreib. Allein innerhalb eines Jahres ist die Zahl der jugendlichen Internetnutzer europaweit um 15 Prozent gestiegen.[25] Andere Untersuchungen bestätigen den Trend. Die Agentur für neue Medien NEUE DIGITALE hatte in Zusammenarbeit mit dem Frankfurter Kinderbüro und der Johannes Gutenberg Universität Mainz insgesamt 277 Kinder zwischen sechs und 16 Jahren aus Frankfurter Grund-, Gesamt-, Haupt- und Realschulen sowie Gymnasien befragt. Das Fazit der Untersuchung »Kinder Online 2004«: Das Internet verdrängt zunehmend das Fernsehen. Demnach surfen die Kinder lieber im Netz und beschäftigen sich mit dem Computer, als sich durch die TV-Kanäle zu zappen.[26]

Kinder entdecken den Computer als Erstes spielerisch, sie bereiten sich aber auch gerne mit Hilfe von Lernprogrammen auf die Schule vor. In der Grundschule nehmen meist die Eltern das Zepter in die Hand und entscheiden, welche Spiele gekauft werden und welche nicht, aber schon ab 12 dürfen 44 Prozent der Kinder die Games allein auswählen.

Das Gros der Kinder, nämlich 85 Prozent, nutzt den Computer mindestens einmal wöchentlich; im Jahr 2000 hatten das nur 75 Prozent getan. Noch deutlicher wird die Entwicklung, wenn man einen Blick auf den Zuwachs an Internetzugängen wirft. Um die Jahrtausendwende war kaum ein Viertel der Familien online, mittlerweile ist es die Hälfte. Über Interneterfahrungen verfügt inzwischen jedes zweite Kind zwischen sechs und 13 Jahren.

Dabei ist das Internet alles andere als kindersicher. Informationen und Unterhaltung sind vielfältig und unkompliziert erreichbar, es gibt kaum Beschränkungen für unlautere, unmoralische oder sogar kriminelle Aktivitäten, die die kindliche Naivität und den beschränkten Erfahrungsschatz der Heranwachsenden ausnutzen. Wohl haben die meisten Kinder schon einmal etwas von Sicherheitsrisiken des Netzes gehört, aber sie richten sich nicht danach. Eltern begutachten selten, auf welcher Welle ihre Sprösslinge gerade surfen – entweder sie kennen sich nicht aus, vertrauen auf die Seriosität der Homepage-

Betreiber oder sind einfach nur desinteressiert. Kontrolle findet selten statt. Das Marktforschungsunternehmen TNS Emnid hatte im Auftrag des Online-Sicherheitsunternehmens Symantec[27] Kinder bis 14 zu ihrem Sicherheitsempfinden befragt und herausgefunden, dass ein Viertel im Chat schon einmal ihren Namen, ihr Alter und sogar ihre Telefonnummer preisgegeben hatte, fast die Hälfte der Acht- bis Zehnjährigen ihren Namen und ihr Alter. Beim Surfen vergessen die Kinder die Gefahr von Viren, lautet das Resümee der Untersuchung. Die Eltern werden nur dann hellhörig, wenn ihre Sprösslinge zu viel Zeit im Netz verbringen – ihnen graust lediglich vor der Höhe der Online-Gebühren. Die wenigsten, nämlich nur ein Prozent, haben auf den Computern Kindersicherungen installiert.

Nur wer solche Zusammenhänge kennt, kann Kinder manipulieren. Unternehmen beherrschen die Regeln perfekt und nutzen die neuesten Forschungsergebnisse über die Kindheit entsprechend aus – Eltern verpassen im Gegenzug, auf die Fallen und Tücken der Werbebranche und Marketingstrategen zu reagieren und ihre Kinder vor der Konsumfalle zu schützen. Nahezu unbemerkt von der Öffentlichkeit setzen die PR-Strategen auf das so genannte Neuromarketing, ein Verfahren, bei dem durch Logos gezielt bestimmte Gegenden des Gehirns aktiviert werden. Auf diese Weise belohnt das Gehirn den Konsum der entsprechend vermarkteten Produkte, ein fataler Mechanismus, dem in erster Linie Kinder zum Opfer fallen.

Denn ihre neuronalen Schaltungen, die »Informationsstraßen« des Gehirns also, sind noch nicht zu jenen Endmustern verknüpft, die am Ende die eigene Persönlichkeit des Erwachsenen ausmachen und dessen ganze Verhaltensweise bestimmen. Zuwendung und Liebe wären normalerweise die naturgegebenen Umwelteinflüsse, anhand deren aus Kinderhirnen eigenständiges Denken erwächst – Konsumrausch und eine übertrieben multimediale Umgebung hingegen verändern heute in unserem Kulturkreis die Rahmenbedingungen für die soziale Entwicklung: Der Weg zum allgegenwärtig konsumierenden Erwachsenen wird von der Industrie schon in der Kindheit geebnet.

Die Folgen sind derart fatal, dass Mediziner mittlerweile eine ganze Reihe von Störungen bei Kindern beobachten: Diabetes

Typ-2, Übergewicht, sogar eine kürzere Lebenserwartung sind die physisch messbaren Konsequenzen. Gestörte Verhaltensweisen, Sprachstörungen, soziale Isolation und der Verlust des selbständigen Denkens gehören zu den anderen, nicht minder gravierenden Folgen. Die Zielgruppe Kind spült Milliarden in die Unternehmenskassen – sie zahlt mit psychischen und physischen Schäden dafür.

Dieser Entwicklung Einhalt zu gebieten wäre indes so einfach: Schon wenige, konsequent eingehaltene Regeln lassen Kinder zu eigenständigen, kritischen Konsumenten aufwachsen. Statt strikter Verbote bewirken erklärende Worte wahre Wunder, und jede Minute, die Eltern mit ihren Kleinen gemeinsam – aber nicht vor der »Glotze« – verbringen, senkt die Risiken und Nebenwirkungen des Konsums erheblich.

Auf den Kauf von Produkten und Waren wird in der heutigen Gesellschaft niemand verzichten wollen oder müssen. Auf die mittlerweile von Forschern nachgewiesene Verdummung des Menschen durch uneingeschränkten Konsum in der Kindheit hingegen schon. Davon handelt dieses Buch.

Kinder im Visier der Unternehmen

Medien und Kommunikation – die Trojanischen Pferde der
Konsumgüterindustrie

Kinder sind für viele Unternehmen eine der vielversprechendsten
Zielgruppen. Die etwa elf Millionen deutschen »Skippies«, »school
kids with income and purchasing power« (»Kinder mit Einkommen und Kaufkraft«), wie Marketingleute sie treffend nennen, haben mehr als 20 Milliarden Euro zur freien Verfügung, ergab die
KidsVerbraucheranalyse 2003. Das Papier[1], das für jeden Manager
von Lego bis Danone zur Pflichtlektüre gehört, offenbart: Kinder
und Jugendliche geben immer mehr Geld aus. Innerhalb von nur
zwei Jahren stieg die Finanzkraft der Sprösslinge um 24 Prozent.

Dem Report zufolge verfügt jedes Kind durchschnittlich über
rund 73 Euro pro Monat. Um weitere 84 Euro mehrt sich dieses
Kapital, sobald im Advent die erste Kerze brennt. Auf den ersten
Blick erscheinen solche Beträge wenig Besorgnis erregend – und in
der Tat verprassen die Kinder nicht sofort, was Großeltern spendie-
ren, was Taschengeld oder Minijobs einbringen. 82 Prozent des
Nachwuchses hortet zumindest einen Teil der Scheine und Münzen
auf Sparbüchern, Girokonten oder auf Taschengeld-Konten. 762
Euro lagern durchschnittlich auf jedem Konto, eine Menge Verfüh-
rung, die bundesweit insgesamt 8,60 Mrd. Euro ausmacht – aus
Sicht der Unternehmen ein Tresor, den es zu knacken gilt.

Die Strategie ist raffiniert, denn die Industrie schnürt ein vielfä-
diges Netz aus klassischen Printmedien, mobiler Telekommunikation, audiovisuellen und Online-Medien. Was relativ unverfänglich
auf einer einzelnen medialen Ebene beginnt, entpuppt sich bei nä-

herer Betrachtung als Eintrittspforte ins Reich der induzierten Bedürfnisse. Die Produktangebote eines Unternehmens sind miteinander verzahnt, aufeinander abgestimmt – sie führen das Kind Schritt für Schritt, von Medium zu Medium, in die Konsumfalle. Der Nachwuchs folgt diesem Ruf beinahe blind – ebenso wie seine Eltern.

Zeitschriften als erste Stufe für den Kundenfang

Um die Marketingkonzepte der Unternehmen zu verstehen, sollte man einen Blick auf die Gewohnheiten der Kinder werfen. Die Sechs- bis Zwölfjährigen geben ihr Geld hauptsächlich für Süßigkeiten und Eis aus – ein Zustand, der dem vor 50 Jahren aufs Haar gleicht. Doch damit ist die Parallele zur Vergangenheit bereits gezogen. Denn die Kleinen von heute investieren nicht nur in Nachereien, sondern vermehrt in Printmedien. Knapp die Hälfte aller Kinder liest regelmäßig eine Zeitschrift, bei den 13- bis 19-Jährigen stehen sie an erster Stelle. Erst danach folgen CDs, Fastfood oder Kino.

Printmedien für Kinder gelten Konzernen als unbezahlbare Plattform. Kaum ein Comic, kaum ein Kindermagazin ohne Anzeigen. Die Grenze nach oben ist noch nicht ausgelotet, in Spitzenzeiten enthalten die Kindertitel bis zu einem Drittel Werbung (siehe Tabelle 3). Erlaubt ist, was niemanden stört. Der Deutsche Werberat als Instrument der Selbstverpflichtung der deutschen Wirtschaft, der »im vorrechtlichen Bereich« agiert, rügt Verstöße in Zeitungen und Zeitschriften nicht. Seine Regeln gelten nicht für Printmedien, sondern ausschließlich für Hörfunk und Fernsehen. »Kinder, die lesen können, haben bereits einen hohen Grad an kritischer Einschätzung gegenüber Werbung erreicht …, der ein spezielles Regelwerk für Presseprodukte entbehrlich macht«[2], lautet das Argument der Medienwächter. Diese Behauptung widerspricht der Realität, denn die Kritikfähigkeit von Kindern im lesefähigen Alter kann auf Grund ihrer Hirnentwicklung nur unvollständig ausgebildet sein.

Tabelle 3
Werbeanteil in den untersuchten Kinderzeitschriften pro Monat (2001)*

Monate	Werbeanteil in Prozent
Juli	20
August	21
September	22
Oktober	20
November	25
Dezember	31

* Titel der Kinderzeitschriften siehe Tabelle 4

Tabelle 4
Relative Häufigkeit von Werbung in Kinderzeitschriften im Vergleich der Jahre 1998 und 2001

Titel	1998 in %	2001 in %
Bambi	0	keine Angaben
Barbie	18	27
Benjamin Blümchen	22	27
Bibi Blocksberg	19	25
Biene Maja	10	24
Bummi	8	19
Bussi Bär	34	24
Die Maus	20	20
Die Schlümpfe	24	17
Disney und du	16	k A
kleine Tierfreunde	14	k A
Goldbärchi	6	5
Micky Maus	22	20
Mosaik	12	26
Pfötchen		22
Philipp	7	13
Prinzessin	11	k A
Tabaluga	6	24
Tom & Jerry	8	14
Winnie Puh	9	32

Quelle: Sonderforschungsgruppe Institutionenanalyse (SOFIA) im Fachbereich Sozial- und Kulturwissenschaft der Fachhochschule Darmstadt, Untersuchung von 2001

Die Botschaften der Hersteller sind perfekt auf den jungen Konsumenten zugeschnitten, sie sind unterhaltsam, schrill und bunt, treffen seine Bedürfnisse im Kern oder schaffen neue. Weil der Werberat auf diesem Auge blind ist, schleicht sich in erschreckend viele Anzeigen Unlauteres ein: Da gibt es solche Annoncen, die den Nachwuchs direkt zum Kauf auffordern, ihn über die Vorzüge des Produkts in die Irre führen oder seine Spielleidenschaft ausnutzen. Die Sonderforschungsgruppe Institutionenanalyse (SOFIA) im Fachbereich Sozial- und Kulturwissenschaft der Fachhochschule Darmstadt hat die Zunahme von Verstößen festgehalten. Allein in den zwei Jahren zwischen 1999 und 2001 kletterte die Gesamtzahl von 142 auf 290.

Die Eltern schauen eher weg als genauer hin, sind wenig sensibel für die Ambitionen der Industrie und die Empfänglichkeit ihrer Kinder. Sie nehmen sich nur ausnahmsweise Zeit, um gemeinsam mit ihrem Nachwuchs die Seiten durchzublättern und über das Gelesene zu sprechen.

Und ewig lockt das Internet

Dabei gelten Kinderzeitschriften als Einstieg zu interaktiver Werbung.[3] Viele Avancen locken den Nachwuchs ins Netz. Das Institut für Demoskopie Allensbach ermittelte, dass im Frühjahr 2001 rund 52 Prozent der 14- bis 26-Jährigen das Internet nutzten, zwei Jahre zuvor waren es nur knapp 23 Prozent. Mittlerweile wird das Internet von Mädchen und Jungen gleichermaßen besucht; signifikante Geschlechtsunterschiede gibt es nicht mehr. Im Folgejahr war der Anteil der Sechs- bis 13-Jährigen im Netz auf 25 Prozent gestiegen, noch ein Jahr später, 2003, waren es bereits 34 Prozent. Das bedeutet: 2,1 Millionen Kinder allein in dieser Altersgruppe betreten die globalen Absatzmärkte, zumal die Konsumenten in spe mit zunehmendem Alter alleine in den Weiten des Web unterwegs sind. So klicken sich immerhin sechs Prozent der Erstklässler ohne Aufsicht durchs Internet und schon mehr als ein Zehntel aller Acht- bis Neunjährigen. Mit elf Jahren sind bereits über 21 Prozent alleine im Netz unterwegs, und mit 13 Jahren macht dieser Anteil 31 Prozent aus.

Sogar Kindergartenkinder benutzen schon das Internet. Weil sie noch nicht oder nur mangelhaft lesen können, klicken sie sich mit Hilfe von Erwachsenen, älteren Geschwistern oder Freunden zu den Inhalten durch, die sie interessieren und die wenig Text enthalten. Sie spielen Online-Spiele, schauen sich Bilder und Videos an oder lauschen Tondateien.[4] Überhaupt zählen interaktive Tätigkeiten zu den Lieblingsbeschäftigungen der Internet-User ab sechs. Ein weiterer Pluspunkt für die Unternehmen, denn die Werbewirkungsforschung konnte nachweisen, dass ein Mensch sich umso besser an einen Werbeinhalt erinnert, je lebendiger und gestaltbarer die Situation war: zum Beispiel indem er einzelne Angebote anklicken und sich näher anschauen kann. Eine andere Erklärung für die intensivere Wirkung von Online-Werbung ist das »Belohnungsprinzip«. Einer Kontaktaufnahme mit einem Menschen nicht unähnlich, wird der Nutzer beim Klick mit positiven Aussagen bedacht wie »Du hast gut gewählt« oder »Das war eine richtige Entscheidung«. Dieses Prinzip der »dualen Kodierung« beruht darauf, dass das Gehirn Informationen gleichzeitig in verschiedenen Bereichen ablegt. Wird eine Information simultan in sprachliche und visuelle Reize verpackt, speichert das Gedächtnis diese sozusagen doppelt – die Erinnerung wird verstärkt.

Es ist ein Leichtes, über das Internet die ausgewählte Werbebotschaft an Freunde zu versenden, weil Firmen vorgefertigte Nachrichtentexte oder entsprechende Buttons anbieten, in die nur noch die eigene E-Mail-Adresse eingetragen werden muss. Unternehmen versüßen das Stöbern im Netz durch übersichtliche und optisch ansprechende Sites, die frei wählbar sind. Wie der Online Shopping Survey 2004 der GfK Aktiengesellschaft berichtet, konnten im Bezugsjahr etwa 2,8 Millionen Jugendliche der Versuchung, im Internet einzukaufen, nicht wiederstehen – was immerhin einem Anteil von 12 Prozent aller Online-Käufe entspricht. Wenn das Geschäft mit den Youngsters für Online-Händler auch mit vielen, teils unwägbaren Risiken[5] verbunden ist, verzichten können sie auf die zahlungskräftige Zielgruppe auf keinen Fall.

Dass die Kinder und Jugendlichen im Netz neben vielen legalen auch auf unmoralische und kriminelle Angebote stoßen, steht außer Frage. Einmal online, treffen sie ebenso auf Communities, Chaträume, Verkaufs-Shops und seriöse Offerten wie auf Pädophile, die als Kinder getarnt den Kontakt zu Jungen und Mädchen suchen. Das Problem ist so akut, dass verantwortungsbewusste Traditionsunternehmen wie der Schreibwarenhersteller Pelikan Schüler von sich aus auf die Gefahren aufmerksam machen und auf die Errichtung von Chaträumen verzichten.

Die Handymanie

Der Nachwuchs liebt sein Handy. Der Spaß an dem multimedialen Wunderwerk ist ihm Jahr für Jahr 2,5 Milliarden Euro wert. 190 Millionen davon entfallen allein auf das Herunterladen von Klingeltönen und Spielen. Gekauft wird, was die Werbung lobt und was die Freunde als cool erachten – weil sie es irgendwann in der Werbung oder bei anderen Peers sahen.

Nichts ist unmöglich, und sogar das Kindergarten-Handy ist in greifbare Nähe gerückt. Schon jetzt verfügen sieben Prozent aller 6- bis 9-jährigen Grundschüler über ein eigenes Mobiltelefon, 42 Prozent der Vorschulkinder wünschen sich eines, jeder Dritte telefoniert schon vom eigenen. Je älter die Kinder, desto selbstverständlicher ist sein Besitz. 2003 gehörte 79 Prozent der Jugendlichen im Alter zwischen 13 und 19 Jahren ein solches mobiles Kommunikationsgerät – eine Steigerung von sagenhaften 46 Prozent gegenüber 2001. »Da immer neue Generationen von Geräten mit einer Vielzahl von Innovationen auf den Markt kommen, erscheint den Youngstern das eigene schnell als veraltet und nicht mehr vorzeigbar. Deshalb wünschen sich 39 Prozent ein neues Handy, obwohl 79 Prozent bereits eines besitzen«, resümierte die KidsVerbraucheranalyse 2003.

Die mobile Hightech-Generation ist vom Segen der Geräte so überzeugt, dass über die Hälfte der 13-Jährigen ihre Handy-Kosten selbst bezahlt. Die Kids und Teens geben sich zunehmend selbst-

bewusst – den Marketingabteilungen vieler Hersteller kommt das
sehr gelegen. Lassen sich doch über Handy & Co. Appelle jener Art
verbreiten, die umtriebige Geschäftigkeit unter den Youngsters auslösen: Es gibt einen neuen Klingelton!

Die Klingeltöne zum Downloaden, wie sie beispielsweise Jamba
lukrativ vertreibt, bergen einen Milliardenmarkt. Sweetie, ein win-
ziges, tönendes Klingelton-Küken, eröffnete Jamba-Firmengrün-
der Oliver Samwer den Weg zu einer bis dahin vollkommen unübli-
chen Marketingstrategie. Bis zum Jamba-Zeitalter nämlich galten
Handys Kindern und Jugendlichen zwar als interessante, aber recht
langweilige Methode des mobilen Kommunizierens. Erst die im
August 2000 von den Brüdern Samwer gegründete Firma hauchte
den tristen Kommunikationsgeräten eine Seele ein. Die Kids lern-
ten die pfiffige Idee schnell zu schätzen. Seither meldet nicht mehr
eine langweilige Tonfolge einen Anrufer, sondern unterschiedlichs-
te Melodien und Intros.

Knirpse wie Pubertierende erkennen die Figuren bereits, bevor
die ersten Töne verklungen sind; selbst Winnie Puh für die Vorschulkinder gehört zur Crew der kleinen Jamba-Stars. Damit die
Kids den letzten Schrei nicht überhören, setzt das Unternehmen
auf massive Werbung im Fernsehen. Vor allem Musiksender erweisen sich als ideale Werbeträger – sie erreichen die jugendliche Klientel direkt. Wie effektiv diese Strategie greift, erfuhren Wirtschafts-
analysten Mitte 2004, als der US-amerikanische Konzern Verisign
nicht weniger als 273 Millionen Dollar aufbrachte, um Jamba auf-
zukaufen. »Der wohl erste kommerzielle Cartoonstar des Mobil-
funks«, kommentierte kurz danach Spiegel online.

Während Jamba mit Sweetie & Co. in puncto Umsatz bereits die
Milliardengrenze anpeilen, eröffnen die virtuellen und multimedialen Welten mittlerweile auch kleinen Unternehmen die Chance
zum Glück. Vor allem das Geschäft mit der Sorge um den eigenen
Nachwuchs floriert, denn Handy, Internet und Short Message Ser-
vice (SMS) erweisen sich als perfekte Instrumente für findige Mar-
ketingideen und daraus konzipierte Produkte.

So bieten hierzulande gleich mehrere SMS-Dienstleister die perfekte Überwachung der Kinder an. Bei »Track your Kid« etwa sen-

den besorgte Eltern eine SMS an die Anbieterfirma, die dann anhand der GPS-Ortungsdaten den Standort des Kindes bestimmt und diesen per SMS an die Eltern versendet. 50 Cent kostet die Ortung via elektronischer Kurzbotschaft bei weiteren 36 Euro Jahresgebühr; bei 3000 angemeldeten Eltern allein im Bereich Gladbeck auch für kleinere Firmen ein lukratives Geschäft.

SMS scheint auch die kürzeste Verbindung zwischen zwei Punkten zu sein, wenn sich Lehrer mit Eltern kurzschließen wollen. Via SchulSMS können sie die Erziehungsberechtigten darüber informieren, ob und wann deren Kinder schwänzten. Früher genügte ein Anruf, heute wird »gesimst« – mit dem Wermutstropfen, dass die Lizenznahme von SchulSMS 800 Euro, rund 20 Cent je SMS, kostet.

Jugendliche zwischen 14 und 19 Jahren sind Weltmeister im Schreiben elektronischer Kurzbotschaften. Schon 1999 hatten sie an den über fünf Milliarden verbreiteten SMS-Nachrichten, die über die Mobilfunknetze von E-Plus, Viag Interkom, T-Mobile und Mannesmann verschickt wurden, erheblichen Anteil. Mittlerweile erscheinen über 20 Milliarden SMS pro Jahr auf den Displays der Handys. Die Prepaid-Karten, die die Verwendung des Handys ohne feste monatliche Grundgebühren erlauben, heizten den Boom noch einmal kräftig an. Einer Befragung der Universität Erfurt im Jahr 2000 zufolge schätzten junge Leute an SMS vor allem die ständige Erreichbarkeit, die Möglichkeit, sich mit Freunden zu verabreden, sich nach ihrem Befinden zu erkundigen und mit Leuten Kontakt aufzunehmen, die man persönlich noch nicht getroffen hatte.[6] Allerdings lässt die »Piep-Show« vielen kaum Zeit, eine einzelne SMS zu beantworten. Weil eine Kurzmitteilung über Handy nicht mehr als 160 Zeichen umfassen darf, müssen die Teens mit Worten haushalten. Die verbale Ökonomie hat bereits eine neue Sprache geschaffen, die Germanisten sogar als innovative Textgattung einstufen, auch ist das Turbo-Tippen nicht ohne Folgen für das Gehirn geblieben. Jugendliche, die viel »simsen«, zeigen in der Hirnaktivität einen auffälligen Unterschied im Vergleich zu konventionell Kommunizierenden. Laut Professor Gerald Hüther, Leiter der Abteilung für neurobiologische Grundlagenforschung an der Psychiatrischen Klinik der Universität Göttingen, ist der Bereich im Gehirn, der für die Koordination des Daumens zuständig ist, bei ihnen deutlich vergrößert.[7] Hüther wertet dies als Hinweis darauf, wie plastisch das Gehirn auch auf veränderte (Konsum-)Bedingungen reagiert (siehe dazu auch Kapitel 3).

Das besondere Augenmerk der Unternehmen auf den SMS-Markt hat handfeste wirtschaftliche Gründe, denn die Festnetzbetreiber leiden unter der anhaltenden Wirtschaftsflaute: Sinkende Umsätze und rückläufige Kundenzahlen gehen einher mit verstärktem Wettbewerbsdruck und massiven Ausgaben für den Ausbau des Festnetzes. Um dieses Tief zu überwinden, sollten sich die Netzbetreiber an der Funktionalität von Mobilfunkdiensten orientieren und ihr Angebot entsprechend ausbauen, empfiehlt die Unternehmensberatung Frost & Sullivan. In ihrer Analyse zum Weltmarkt für Festnetz-SMS prognostiziert Frost & Sullivan den Netzbetreibern erhebliche Wachstumschancen, sofern es ihnen gelingt, SMS zur Standardanwendung auch im Festnetz zu machen. Das Papier zeigt auf, um welche Dimensionen es geht. »Im Gegensatz zu Mobil- und Festnetz-Sprachdiensten ist der SMS-Markt in den letzten fünf Jahren trotz gleich bleibender, in manchen Fällen sogar steigender Tarife exponentiell gewachsen. Gemäß der GSM Association wurden im Jahr 2002 weltweit an die 366 Milliarden SMS verschickt. Bei einem durchschnittlichen Preis von 0,10 US-Dollar pro SMS beläuft sich der Umsatz für 2002 auf 36 Milliarden US-Dollar – und das bei minimalem Marketing-Aufwand und relativ geringen Implementierungskosten.« Kontrollierte Investitionen könnten die Netze der Festnetzbetreiber bereit für SMS machen. Selbst wenn sich damit nur ein Bruchteil des gesamten SMS-Volumens generieren ließe, werde sich die Entscheidung zur Aufnahme dieses Dienstes innerhalb kurzer Zeit auszahlen, meinen die Unternehmensberater.

Zusätzlichen Aufschluss über das Potenzial von Festnetz-SMS gibt die britische Regulierungsbehörde für Telekommunikation Oftel. Laut Oftel schicken 70 Prozent aller Mobilfunknutzer lieber Textnachrichten, statt zu telefonieren; 36 Prozent »simsen« regelmäßig. Außerdem gaben 41 Prozent aller Handybesitzer an, eher

Kurznachrichten zu verschicken, als von ihrem heimischen Festnetz-Anschluss aus zu telefonieren. Immerhin 17 Prozent senden häufig von zu Hause aus elektronische Kurznachrichten – eine Erfolg versprechende Zahl für zukünftige Anbieter von Festnetz-SMS. Eine weitere Marktnische für Festnetz-SMS könnten auch Eltern sein, die ihre Kinder an SMS heranführen wollen, ohne gleich ein Handy für sie zu erwerben.[8]

Dass der Mobilfunk-SMS-Markt bisher so schnell gewachsen ist, liegt an der hohen Zahl von Handybesitzern, die in manchen europäischen Ländern nahezu 80 Prozent beträgt. Angesichts von Milliarden versendeter SMS pro Monat in Europa und Asien gehen die Netzbetreiber mittlerweile zu Mengenrabatten in Form von Paketangeboten über. Das Ergebnis ist ein gut etablierter, starker Markt, der nach Ansicht der Experten einen Siegeszug von Festnetz-SMS sicherlich erschweren wird. Das hängt wohl auch damit zusammen, dass der Festnetz-SMS-Dienst zunächst nicht als Komplementärtechnologie, sondern als Ersatz und damit als Konkurrenz zu Mobil-SMS betrachtet werden wird. In diesem Kontext warnt die Analyse von Frost & Sullivan davor, dass mangelnde Kooperation von Seiten der Mobilnetzbetreiber den Festnetz-SMS-Markt im Keim ersticken könnte. Im Mobilfunksektor gibt es traditionell kartellartige Vereinbarungen, die es anderen Akteuren sehr schwer machen, in der Branche Fuß zu fassen. Hier gilt es, Interesse an einer Zusammenarbeit zu wecken.

Der kurze Ausflug in die strategischen Überlegungen zum SMS-Markt verdeutlicht exemplarisch auch für andere Bereiche der neuen Informations- und Kommunikationstechnologien, wie groß die Überschneidungen der Angebote für Kinder mit dem wirtschaftlichen Kalkül im Erwachsenensegment sind. Die Heranführung an Handy, PC und Online-Welten, das Gewöhnen an Kreditkarten und virtuelle Einkaufswelten, selbst die bewusste Einbindung in Internet-Communities – für Unternehmen sind die Kinder der kommerzialisierte Nachwuchs der heutigen Erwachsenengeneration.

»In« ist, wer alles hat

Jungen wie Mädchen haben ihre Vorliebe für die neuesten technischen Errungenschaften entdeckt, die ihnen in Zeitschriften und
im Netz offeriert werden. Die Gier ihrer Kinder stachelt das Jagd-
fieber der Eltern an: Wer bei ebay beispielsweise nach Konsolen-
spielen sucht, wird sich über die Zahl der Angebote und die gigan-
tische Nachfrage wundern. Konsolenspiele gleichen Wertanlagen,
wer sie heute kauft, kann sie in wenigen Monaten wieder ver-
äußern, um dann die vorläufig allerneuste Version zu ergattern.
Vom Konsolenspiel zur begehrten X-Box sind es wenige, aber kost-
spielige Schritte. Die technische Metamorphose im Kinderzimmer
ist nicht aufzuhalten. Wenn Vorschulkinder vor ihren Spielkameraden mit Gameboys glänzen, ist spätestens in der ersten Klasse das
Handy dran. Die Eltern ergeben sich häufig dem Frontalangriff der
Dauerquengler. Ihnen ist mehr an Harmonie gelegen; die unbe-
queme Erzieher-Rolle passt nicht ins Kumpel-Konzept. Damit jedoch überschreiten die meisten den »point of no return«, jenen
Punkt also, von dem aus es keine Rückkehr in eine lebensnahe und
konsumkompetente Kinderwelt gibt. Spätestens das Handy erweist
sich nämlich als Appetizer auf immer weitere Multimedia-Pro-
dukte – es ist das Ticket in die globale, unkontrollierbare Einkaufs-
welt.

SMS, Video on demand oder Jamba – die Liste der unternehmerischen Kreativität ist lang, wenn es darum geht, die Zielgruppe Kind
einzukreisen. »In« zu sein ist das maßgebende Kriterium, um in der
Peer-Group anerkannt zu sein. Wer nicht mithalten kann, ist out,
wird abgestoßen, in die Ecke gestellt, totgeschwiegen. Gerade Kinder aus sozial schwächeren Familien definieren sich über Konsumgüter. Diese Stütze fürs Ego hält besonders dann, wenn Tristesse
und soziale Armut den Alltag bestimmen.

Nach der altbewährten Devise »Steter Tropfen höhlt den Stein«
unternimmt die Industrie immer neue Anläufe der Infiltration. Aus
dem sporadischen Beschuss mit Werbung ist längst ein Dauerfeuer
geworden, Häufigkeit und Penetranz stürmen das Erinnerungsver-

mögen von Kindern. Unter dem Gesichtspunkt ihrer starken Reize, ihrer Interaktivität und der regelmäßigen Wiederholungen erscheinen die »spontanen« Wünsche der Knirpse und Teens im Supermarkt, bei Media Markt oder im Kaufhaus in einem ganz anderen Licht.

Auf staatliche Kontrollen oder gar auf Verbote für die Offensiven der Konsumgüterhersteller zu hoffen wäre eine Illusion. Denn schon das Grundgesetz garantiert in Artikel 5 die generelle Presse- und Rundfunkfreiheit. Auf den ersten Blick hat das wohl wenig mit Kinderwerbung und Strategien für die Erschaffung der Konsumkids zu tun. Doch gilt gerade diese garantierte Freiheit letzten Endes auch für Werbebotschaften – sie sind, ebenso wie redaktionelle Texte, nichts anderes als Inhalte, wie Medienjuristen attestieren. Inhalte jedoch darf der Staat nicht zensieren.[9]

Dem Recht auf freie Inhalte steht ein anderer Grundsatz unserer Verfassung gegenüber: Artikel 2, der jedem Menschen in der Bundesrepublik das Recht auf freie Entfaltung seiner Persönlichkeit gewährt, Kinder und Jugendliche stehen unter dem besonderen Schutz des Staates.

Der Widerspruch beider Grundgesetzartikel führt in ein Dilemma. Wollte der Staat die Kinder durch Kontrollen und Verbote schützen, müssten diese so schwach sein, dass das Recht auf die Verbreitung freier Inhalte nicht bedroht würde. Umgekehrt dürften Werbeinhalte die Persönlichkeitsentwicklung der Kinder in keiner Weise beeinträchtigen. Wie breit die Kluft zwischen Anspruch und Wirklichkeit indes ist, zeigen die folgenden Beispiele.

Beispiel 1 INTERNET: *T-Online und Sex sells*

Web-Angebote für Kinder schießen wie Pilze aus dem Boden. Denn mitunter bieten Unternehmen durchaus informative und auf den ersten Blick kindgerechte Inhalte an. Erst die Details offenbaren, dass nicht alles unbedenklich ist, was unbedenklich scheint.

Wie sehr die Grenzen zwischen Anspruch und Kalkül verschwimmen, demonstrieren die eigens für Schulkinder konzipierten Seiten des Branchenprimus T-Online. Die Tochter der Deutschen Tele-

kom bietet unter www.t-online.de/schule Informationen für Teenager an.[10] Neben verschiedenen Wissenstests (»Weißt du wie viel
Sternlein stehen«) und Hilfen für die Jobsuche nach dem Abitur
(»Den passenden Job finden«) taucht, als Infokasten designed,
auch die Rubrik »Handy – Info SMS« auf. Der vermeintliche Infokasten ist nicht als Anzeige gekennzeichnet und, noch schlimmer,
entpuppt sich nach wenigen Klicks als Wegweiser zu Pornoseiten –
ganz ohne Vorwarnung und bar jeder Kontrolle.[11]

Mit dem Slogan »Super süß und super sexy – jede Menge hei-
ßer Girls für unterwegs« animiert T-Online Schulkinder zum
Weiterlesen. Wer der Aufforderung folgt, gelangt zur Rubrik
»Erotik Spezial«. Hier wird offeriert, was man bei Anbietern aus
dem Schmuddelmetier erwarten würde. Klingeltöne à la »Auf die
Knie«, »Blowjob« oder »Boxen Luder« sind ebenso käuflich wie
Videos für Handys, die masturbierende und kopulierende Frau-
en zeigen.

Sex sells, scheint die Marketing-Devise zu sein, und getreu diesem Motto spart das Unternehmen nicht an Eye-Catchern ganz eigener Art: Ausschließlich nackte Frauen und Textanreißer billigster
Sorte schmücken die Erotik-Seite, die Schulkinder ganz gezielt mit
zwei Mausklicks von der Kids-Site bei T-Online erreichen.

Auch beim Link »Info« klärt der Anbieter nicht, wie wenigstens
an dieser Stelle zu erwarten gewesen wäre, über eventuelle Alters-
begrenzungen oder rechtliche Inhalte auf. Vielmehr erfahren die
Leser, auf welches Handy sich die Pornovideos übertragen lassen:
http://tonline2004.affiliate.handy.de/showVideoDetails.do?cat=
11833&chl=20&item=336974&hset=429.

Sind solche Details geklärt, steht dem Video on Handy nichts
mehr im Weg. Ein Click auf »download« öffnet das Tor zur pornografischen Welt von T-Online.

Wer als Zehnjähriger hier landet, kann ohne Probleme downloaden, was er möchte. Denn T-Online bietet gleich drei Bezahlmög-
lichkeiten ganz ohne Überprüfung des Alters an. So können die
Kinder das Bezahlen über die T-Online-Rechnung wählen, ebenso
steht die 0190-Option zur Verfügung. Ob jene, die das »feuchte Vergnügen« bei T-Online bestellen, acht oder 80 sind, lässt sich nicht

verifizieren – die Videos gelangen auf jeden Fall auf das gewünschte Handy. Erst in der Preisbestätigung erscheint ein Hinweis auf die Altersfreigabe – rein theoretisch und zur eigenen juristischen Absicherung gedacht. Die als AGB angegebenen Nutzungsbedingungen entpuppen sich in der Realität damit als Makulatur.

Wenn sich die Kinder vom hauseigenen Telekomanschluss der Eltern einloggen, werden die anfallenden Kosten für das anrüchige Bildmaterial automatisch von der Telefonrechnung der Eltern abgebucht. Die Bilder gelangen dennoch dorthin, wo sie laut Jugendschutz nicht hingehören. T-Online sichert sich über seine Allgemeinen Geschäftsbedingungen ab. Darin heißt es unter anderem:

»Jugendschutz
1. Geschlossene Benutzergruppe (Erwachsenenangebote)
Inhalte, die nach § 4 Abs. 2 Jugendmedienstaatsvertrag (JMStV) nur Erwachsenen zugänglich gemacht werden dürfen (Erwachsenenangebote), bietet die T-Online AG nur Personen über 18 Jahren an (geschlossene Benutzergruppe).
1.1 Die T-Online AG gewährt den Zugang zu Erwachsenenangeboten nur natürlichen Personen, deren Volljährigkeit überprüft wurde. Die Überprüfung der Volljährigkeit erfolgt durch die Anmeldung des Nutzers über ein Altersverifikationssystem (im Folgenden kurz »AVS« genannt) …
1.2 Der Kunde ist verpflichtet, Personen unter 18 Jahren nicht bei dem Zugang zu Erwachsenenangeboten zu unterstützen. Insbesondere stellt der Kunde sicher, dass Dritte das AVS nicht über die ihm überlassene PIN umgehen …«

… und weiter in Kapitel V Absatz 2 der Allgemeinen Geschäftsbedingungen T-Online International AG:

Entwicklungsbeeinträchtigende Angebote
Soweit die T-Online AG Angebote verbreitet und zugänglich macht, die geeignet sind, die Entwicklung von Kindern und Jugendlichen zu einer eigenverantwortlichen und gemeinschaftsfähigen Persönlich-

keit zu beeinträchtigen …, *trägt die T-Online AG dafür Sorge, dass Kinder und Jugendliche der betroffenen Altersstufe entwicklungsbeeinträchtigende Angebote üblicherweise nicht wahrnehmen.*«

Tatsache aber ist, dass schon Achtjährige ohne Mühe über die frei zugänglichen T-Online-Seiten zu den angeblich gesperrten Inhalten gelangen können.

In der Öffentlichkeit gibt sich die Telekom-Tochter für den Jugendschutz engagiert. Gemeinsam mit den Suchmaschinen-Anbietern Yahoo Deutschland und Google Deutschland kündigte T-Online im Februar 2005 die Gründung eines speziellen Verhaltenskodex für die eigenen Internet-Suchmaschinen an, um jugendgefährdende Seiten aus den Trefferlisten zu streichen. Die freiwillige Selbstkontrolle der Onliner sorgte für eine gewisse Aufmerksamkeit in den Medien – und diente damit der Imagepflege. Denn trotz der Verpflichtung der Mitglieder, die Adressen von etwa 1000 Internetseiten zu sperren, die auf dem Index der Bundesprüfstelle für jugendgefährdende Medien (BPjM) registriert sind, gelangen Kinder nach wie vor zu pornografischen Seiten oder gewalttätigen Sites.

Gleichwohl versäumte das Bündnis nicht, auf mögliche Schwachstellen der Selbstkontrolle hinzuweisen. Google-Sprecher Stefan Keuchel räumte gegenüber der Financial Times Deutschland ein: »Ein hundertprozentiger Schutz ist dadurch aber nicht gewährleistet.«[12]

Zwischen dem hehren Ansinnen und seiner Umsetzung scheint demnach eine beachtliche Lücke zu klaffen. Ein schaler Beigeschmack bleibt, betrachtet man die Umsätze des Giganten. Allein im Jahr 2002 erzielte T-Online einen Jahresumsatz von 1,584 Milliarden Euro – 39 Prozent mehr als ein Jahr zuvor. Als Grund für den rasanten Anstieg machte das bundesweit anerkannte Computerfachmagazin Heise online »das so genannte Non-Access-Geschäft, also unter anderem Online-Werbung, der E-Commerce und kostenpflichtige Inhalte« aus.[13]

Beispiel 2: Banken: Erst pumpen, dann kaufen

Auf der einen Seite besitzen heutige Kinder mehr Geld als je zuvor, auf der anderen Seite war ihr Schuldenberg nie höher. Zu groß sind die Verlockungen des Konsums, zu perfekt die Marketing- und Werbestrategien, als dass Kinder – und ihre Eltern – widerstehen könnten.

Nach einer Studie der Universität Bonn leihen sich rund 15 Prozent der Jugendlichen mehrmals im Monat Geld, um ihre Konsumbedürfnisse befriedigen zu können.[14] Je älter die Sprösslinge sind, umso mehr greifen sie sich dabei gegenseitig finanziell unter die Arme. Dass die Eltern lenkend eingreifen, ist Illusion, denn viele Erziehungsberechtigte glauben irrtümlich, ihr Nachwuchs verfüge einzig über fest definierte Geldmittel. Stattdessen verschulden sich die Kids am Wissen der Eltern vorbei. Irgendwann sind es nicht mehr McDonald's und Kino, Klingeltöne und Computerspiele, Klamotten und Disco, irgendwann verfallen die Teens dem Lockruf des Luxus: ein Bianchi-Rennrad, eine Kreidler, den Alfa Romeo, eine Honda Hornet ... Solche Schätze sind nicht nur teuer, sondern auch im Unterhalt kostspielig. Das treibt den Geldbedarf weiter in die Höhe, und irgendwann reichen Freundeskreis und Großeltern als private Kreditgeber nicht mehr aus.

Von hier ist es bis zur realen, wirtschaftlichen Abhängigkeit nicht mehr weit. Jugendliche sind begehrte Bankkunden. Über Kredite, die Altschulden oberflächlich verschwinden lassen und den Kauf ermöglichen, binden Banken und Sparkassen die noch junge Klientel. Wer mit Beginn der Volljährigkeit derart vorbelastet ins Erwachsenenleben startet, hat entgegen allen Versprechungen nie den Umgang mit Geld gelernt – wohl aber die beste Basis geschaffen, um Dauergast in der Schuldenfalle zu bleiben.

Auch eine Umfrage des Bundesverbandes der deutschen Banken (BdB)[15] weist auf diesen Trend hin. Dem Papier zufolge hat jeder Siebte unter den 14- bis 24-Jährigen schon einmal in finanziellen Schwierigkeiten gesteckt. Immerhin 11 Prozent der befragten 18- bis 24-Jährigen gaben offen an, einen Kredit bei einer Bank aufgenommen zu haben. Ein Viertel der Teilnehmer konnte bereits Er-

fahrungen mit Ratenkäufen vorweisen. Angesichts solcher Fakten
erscheinen die weiteren Statistiken wenig überraschend. Allein zwischen 1999 und 2002 stieg die Zahl der zahlungsunfähigen 20- bis
24-Jährigen um fast ein Drittel auf 174 000, wie die Daten des Schul-
denregisters Schufa belegen.[16]

Für viele Branchen ist der Appetit der Jugend auf Geld und
Waren ein lukratives Geschäft. Verschuldete Kinder klopfen eines
Tages als fügsame Kreditnehmer an die Tür, die letztlich nicht
nur Banken, sondern auch Konsumgüterherstellern satte Umsätze generieren. Eltern und Erwachsene reagieren auf die zunehmende Überschuldung ihrer Sprösslinge verängstigt – und völlig
falsch. Anstatt ihre Kinder vor kommerziellen Einflüssen zu
schützen, vertrauen sie den Ausführungen jener, die Kinder mit
unternehmerischen Augen betrachten. Die Folge: Der Nachwuchs kann via Plastikkarten und Cash noch mehr Geld ausgeben – ohne aber dessen Wert erkennen zu können. »Meine
Tochter spart das Geld für eine Playstation«, ist beispielsweise
eine typische Selbsttäuschung, und die Phrasen der Kinder (»Ich
habe schon einen Fünfziger! Bald kann ich mir einen Carrera-
Go-Polizeiwagen kaufen!«) klingen nicht anders. Im Grundschulalter bleibt Geld eine abstrakte Größe, die Scheine lassen sich
ebenso sorglos sammeln wie Figuren aus Überraschungseiern,
Aufkleber oder Diddle-Blöcke. Jüngere Kinder können den Zusammenhang zwischen Arbeit und Lohn nicht verstehen, Geld-
Besitzen und Geld-Ausgeben ist ein ebenso natürlicher Prozess
wie Hunger-Haben und Hunger-Stillen. Weil Eltern Gespräche
über Geldnöte tunlichst vermeiden, reduziert sich der Wert des
Zahlungsmittels bei Kindern auf zwei schlichte Zustandsformen:
Haben und Noch-nicht-Haben. Die Spanne dazwischen ist nur
kurz, die bis zur Bedürfnisbefriedigung ebenfalls – auch wenn es
die Eltern an den Rand des Ruins treibt.

Wer als Kind mit Geld umgeht, sollte das, vom unternehmerischen Standpunkt aus betrachtet, wie die Erwachsenen tun dürfen:
uneingeschränkt und jederzeit. In den USA beispielsweise hat sich
bereits das so genannte Visa-Buxx-Konzept etabliert. Es handelt
sich um eine Plastikkarte des gleichnamigen Anbieters, die es Kin-

dern schon ab 13 erlaubt, überall dort, wo auch die VISA-Kreditkarten akzeptiert werden, mit der eigenen Karte zu bezahlen.

Das Prinzip der Visa Buxx gleicht jenem der so genannten Prepaid-Telefonkarten, mit denen Kinder und Jugendliche auch hierzulande ihre Handy-Gespräche finanzieren. Ist der zuvor eingezahlte Betrag verbraucht, schiebt das System automatisch einen Riegel vor, bis entweder eine neue Karte erworben oder Geld auf das Buxx-Konto eingezahlt wird. Doch um die Quelle möglichst nur kurz versiegen zu lassen, dachten sich die Entwickler der Karte etwas Besonderes aus. Sie ermöglichten den Eltern die Aufladung des Chips entweder direkt via Internet oder über eine kostenlose Telefonnummer, die man von allen Orten in den USA aus erreichen kann.

Psychologisch gesehen ein ausgefuchster Schachzug, um die »kleinen Wunschmaschinen« am Laufen zu halten. Das Gros der Eltern fühlt sich nämlich permanentem Dauerstress ausgesetzt und in Zeitdingen völlig überlastet. Schon deshalb sehen sich viele Erziehungsberechtigte außerstande, sich auch nur eine Stunde pro Tag ausschließlich mit ihrem Kind zu beschäftigen. Andererseits nagt das schlechte Gewissen ebenso beharrlich wie erfolgreich – und zwar ganz im Sinne des Konsums. Wie die weltweit größte Studie BRANDChild[17] offen legt, besänftigen die wertvollen Karten die unterschwellige Furcht der Eltern ungemein, ihr Kind müsse etwas entbehren. Die Kinder wiederum erachten den nie versiegenden Geldstrom als normal. Geld »ist keine Belohnung mehr, sondern ein erwarteter Zufluss – eine Zuweisung für ihre Unterhaltung«, konstatieren die Experten in ihrer Studie. Ein weiterer Aspekt wiegt schwer: 50 Prozent der Kinder reisen zwischen geschiedenen Eltern hin und her, oft sieht ein Elternteil die Sprösslinge nur jedes zweite Wochenende. Auch hier spielt das Geld eine entscheidende Rolle, weil der bestversorgte Nachwuchs entweder dem materiellen Wettrüsten dienlich ist oder einfach als Ersatz für die Tristesse der Einsamkeit herhalten muss.

Die aufladbare Bankkarte eröffnet allein Visa-Buxx-Inhabern 20 Millionen Verkaufsstellen weltweit. Zwar betonen die Anbieter ausdrücklich, dass es sich bei der Karte nicht um eine Kreditkarte handelt. Und in der Tat sind Käufe auf Kredit nicht möglich. Doch zweifelsohne gewöhnt der Einsatz die Kinder an das Verhalten der Erwachsenen, immer und überall kaufen zu können.

Man mag dem Zahlungsmittel zugute halten, dass Kinder letzten Endes auch über Taschengeld frei verfügen können. Doch verliert sich beim Einsatz einer Karte zweifellos der Bezug zum physischen Geld. Im Gegenzug öffnet sie einer virtuellen Konsum- und Markenwelt Tür und Tor. Schon heute können amerikanische Jugendliche mit der Buxx-Karte global einkaufen: an der Kasse, über das Internet oder am Telefon.

Kinder als Zielgruppe haben nicht nur US-amerikanische Geldinstitute entdeckt. Auch hierzulande ziehen Banken und Sparkassen nach. Immerhin verfügen die Deutschen über ein geschätztes privates Geldvermögen von über eine Billion Euro. Diese Menge, das wissen auch die Banken, wird von Generation zu Generation mehr oder weniger vollzählig vererbt und fleißig gemehrt. Kinder von heute sind die Erben von morgen. Wer es also als Kreditinstitut schafft, die Kleinen an die eigene Marke zu binden, darf auf Treue hoffen.

Kein Wunder, dass die Branche keine Mühen scheut. Rechtzeitig zur Geburt des Nachwuchses verschickt die Sparkasse eine Glückwunschkarte, die Bank sogar ein Plüschtier – anbei ein Gutschein für die Eröffnung eines Kontos oder eines Sparbuchs für den neuen Erdenbürger, versteht sich. Schon die Namen der Produkte erinnern an ihre amerikanischen Pendants: Was jenseits des Atlantik als Visa Buxx Erfolg hat, läuft in Deutschland als abgewandelte Sparkassen-Aktion unter dem Namen Knax seit Jahren erfolgreich. Mit sechs Jahren dürfen Kinder dem »Knax-Club« beitreten, wo sie das übliche Kundenbindungsrepertoire erwartet: Malstifte, Comics und Einladungen zu Veranstaltungen. Wer 12 Jahre alt ist, steigt auf. Der »S-Club« hält eine Plastikkarte als Mitgliedsausweis bereit und offeriert der jungen Klientel ermäßigte Eintrittspreise zu Discos, Konzerten und anderen Veranstaltungen.

»Jugendsparkassen« schließlich vermitteln den Heranwachsenden das Gefühl, den Erwachsenen auch ohne Volljährigkeit ebenbürtig zu sein. »Diese Geschäftsstellen bieten nicht nur Geldautomaten und Kundenschalter, sondern auch eine gemütliche Sitzecke und Computer«, stellt Alexandra Ludwig von der Universität Lüneburg fest, und: »Mit den Jugendbanken wird versucht, Kinder und Jugendliche zu sich zu holen, ohne dass diese das Gefühl haben, dass sie in einer typischen Bank sind.«[18]

Für den Kunden weniger offensichtlich sind die verschiedenen Kooperationen mit kleinen, mittelständischen und weltweit tätigen Unternehmen. Nahezu alle Geldinstitute sind der Wirtschaft verbunden. So kooperiert beispielsweise die Sparkasse Arnsberg-Sundern nicht nur mit einer Yachtschule des ADAC, lokalen Tanzschulen oder dem örtlichen Kino, sondern auch mit dem Global Player McDonald's. Mit Preisnachlässen und Rabatten warten fast sämtliche Kooperationspartner der Kinder-Banken-Clubs auf. Dass die Kids dabei zwischen sinnvollen und weniger sinnvollen Angeboten kaum unterscheiden können, ist Nebensache.

Der Weg vom Bankenclub in die reale Konsumwelt ist kurz. Wer als Teenager die Mitgliedskarte im S-Club erwarb, gelangt über die auf den Internet-Seiten der Sparkasse beworbene »Cocoon«-Site zum virtuellen Clubangebot der LBS. Dort sehen sich die Youngsters mit kesser Werbung fürs Bausparen konfrontiert: Auf den verächtlichen Fingerzeig eines Vaters, Marke Outlaw mit Wohnwagenlager, in jenem Haus dort lebten Spießer, pariert die Tochter: »Du Papa – wenn ich groß bin, will ich auch mal Spießer werden!«

Außer der Lust auf die eigenen vier Wände macht die Site auch den Weg frei für andere »Erlebniswelten«, wie es im Fachjargon der PR-Strategen heißt, und empfiehlt weitere Links im Internet. Das schwedische Einrichtungshaus IKEA ist einer davon. »Kein Weg führt am stylischen Schweden vorbei«, beschreibt die LBS den Link, »hier könnt ihr alle Artikel aus dem Katalog auch online bestellen!« Nach den Richtlinien des Deutschen Werberats gelten direkte Kaufaufforderungen wie solche zwar als Verstöße. Doch wo kein Kläger ist, da ist auch kein Richter.

Natürlich stehen minderjährige Jugendliche unter dem besonderen Schutz des Gesetzgebers; Online-Geschäfte mit ihnen sind deshalb für die Anbieter ein zweischneidiges Schwert. Aber im Prinzip geht es um mehr als nur eine einmalige Kaufaktion: Erwachsenenmarken sollen tiefe Spuren im Gedächtnis zurücklassen.

Beispiel 3: Fernsehen: Kinder, Werbung, Marke

»Die Wissenschaft sucht nach einem Perpetuum mobile. Sie hat es gefunden, sie ist es selbst.« Was der große französische Schriftsteller Victor Hugo gegen Ende des 19. Jahrhundert schrieb, ließe sich heute, zu Beginn des neuen Jahrtausends, ohne Abstriche auf die Konsumgüterindustrie übertragen. Das Perpetuum mobile der Neuzeit sind Marken, und audiovisuelle Medien spielen dabei eine Schlüsselrolle.

Was ein erfolgreiches Marketing ausmacht, wollten Forscher der Gesellschaft für innovative Marktforschung (GIM) wissen und nahmen sich in einer im Juni 2003 publizierten Studie der Thematik an.[19] Ihr Fazit: Eine gelungene Markenstrategie muss alle Medienkanäle nutzen und möglichst 24 Stunden am Tag wirken. Erst auf diese Weise wird die Marke zu einer regelrechten »Allzeitmarke«, und erst dann setzt jener Prozess ein, von dem jeder Hersteller träumt: der Wunsch der Kinder nach mehr.

Markenbildung und Verhaltensänderungen scheinen Hand in Hand zu gehen. Die häufige und immer wiederkehrende Bewerbung neuer Produkte und Trends etabliert neue Denkmuster in den Köpfen nicht nur der Kinder, sondern auch der Erwachsenen. In der Folge nimmt die Zustimmung für das Neue zu, die Wünsche der Nachkommen erscheinen vielen Eltern plötzlich nachvollziehbar und akzeptabel. So sind der GIM zufolge »konsequent gelebte Handyverbote« nur noch »in den wenigsten Schulen zu finden, so dass die Kinder tatsächlich rund um die Uhr erreichbar sind«.

Eines der mächtigsten Transportvehikel für Marketingbotschaften bleibt nach wie vor das Fernsehen. Der Fakt, dass mit zunehmenden Alter die Wichtigkeit des Mediums TV stark abnimmt und nur noch 20 Prozent der 13-Jährigen das Fernsehen für wichtig erachten, darf nicht darüber hinwegtäuschen, welch entscheidende Rolle es für Kinder am Anfang ihrer geistigen und sozialen Entwicklung spielt.

Kein anderes Medium erobert den Kinderalltag so frühzeitig und so lang anhaltend wie das Fernsehen. Das bestätigte auch die Studie »Kinder und Medien, Computer und Internet«, eine vom Medien-

pädagogischen Verbund Südwest regelmäßig herausgegebene Untersuchung. Die repräsentative Befragung spiegelt die Wünsche und Belange von sieben Millionen sechs- bis 13-jährigen Kindern wieder.
Über 1000 Fragebögen wurden verschickt. Überraschend eindeutig
fiel die Wahl der Kinder aus, auf welches Medium – Fernsehen, Computer, Bücher, Zeitschriften oder Comic-Hefte sie keinesfalls verzichten möchten. Von den Befragten »entscheiden sich drei Viertel ... für
das Fernsehen, jedes achte Kind für den Computer und sieben Prozent für Bücher«. Bei den Sechs- bis Siebenjährigen könnten der Studie zufolge sogar 82 Prozent nicht auf das Fernsehen verzichten.

Im internationalen Vergleich schauen deutsche Kinder verhält-
nismäßig wenig fern. Einsame Spitzenreiter sind wohl nach wie vor
Kinder in Großbritannien und den USA, die 60 Prozent mehr Zeit
vor dem Fernseher sitzen als auf der Schulbank. In Deutschland verbringen Kinder im Alter zwischen drei und sechs Jahren durchschnittlich sechs Stunden wöchentlich vor dem Bildschirm. Mit
dreizehn sind es mehr als doppelt so viele, wobei fast 84 Prozent
aller Kinder dieser Altersgruppe täglich fernsehen[20], durchschnittlich etwa 100 Minuten.[21]

Die Dauer ist bedenklich genug, was aber noch mehr Sorge berei-
tet, sind die Inhalte. Im Gegensatz zu erwachsenen TV-Konsumen-
ten zappen Kinder nämlich bei Werbung nicht weg, sondern bleiben »hängen«. Sie sind fasziniert vom Rausch der Farben, Töne,
Szenen. »Interessant ist zudem, dass Kinder stark auf Details achten
– selbst in Spots, die sich nicht an sie richten«, heißt es dazu im
GIM-Papier. Auch bestätigt sich die Behauptung, schon kleine Kinder könnten Werbung vom Programm unterscheiden, nicht. Diese
Fähigkeit baut sich langsam auf und ist erst bei Zehnjährigen kon-
kret nachweisbar. Vorschulkinder, die im Schnitt fast zwei Stunden
am Tag vor der Mattscheibe verbringen, können das nicht. Sie trau-
en noch ihren Augen und Ohren – und der Werbung.

Einige Unternehmen sind nicht zimperlich, um einen Nachhall
ihrer Produkte in den Köpfen der Kinder zu erreichen. Doch zumindest in TV und Radio müssen die Hersteller mit der Kontrolle
des Deutschen Werberats rechnen, der entsprechende Verstöße gegen die selbstauferlegten Normen des Zentralverbandes der Deut-

schen Wirtschaft, ZAW, ahndet. Die Dachorganisation von 41 Verbänden gründete im Jahr 1972 mit dem Deutschen Werberat ein »selbstdisziplinäres Organ«. Der Rat soll als Konfliktregler zwischen Beschwerdenführern aus der Bevölkerung und werbenden Firmen fungieren.[22]

Allein im Jahr 2004 musste der Werberat über 254 einzelne Werbemaßnahmen entscheiden, doch nur in sieben Fällen sprach das Gremium öffentliche Rügen aus. Wie weit die Macher auch schlüpfriges Terrain betreten, demonstrierte ein Spot des Musiksenders MTV. Dort war eine Frau beim Stillen ihres Säuglings zu sehen, der »nach wechselvollem Blickkontakt mit der Mutter seine Hand zielgerichtet zur »freien« Brust« bewegte; im Hintergrund lief die Musik »I can't stand this feeling any more«. Das lüsterne Baby verstieß nach Ansicht des Werberates ganz klar gegen die Richtlinien. Denn nicht nur sei die Frau als Lustobjekt herabgewürdigt worden, auch der Säugling selbst betatschte »offensichtlich sexuell betont die Brust der Mutter«.

Die Universität Bielefeld stellte fest, dass Acht- bis Elfjährige rund 45 000 Werbespots pro Jahr zu sehen bekommen. »Als problematisch anzusehen ist neben dem Quantum der Werbung in privaten Kinderprogrammen besonders die Form ihrer Einbettung in das jeweilige Rahmenprogramm«, urteilt die Landesanstalt für Rundfunk Nordrhein-Westfalen.[23] Normalerweise verbietet die Mediengesetzgebung der Länder die Unterbrechung von Kindersendungen durch Werbung – es sei denn, die Sendungen bestehen »aus einzelnen, eigenständigen Teilen«.[24] Dieser Passus wird ausgereizt: Magazinsendungen für Kinder sind in einzelne Segmente tranchiert, so dass zwischengeschaltete Werbung rechtlich zulässig ist.

Weil kleine Kinder unter acht Jahren Werbung gar nicht als solche erkennen können, hinterfragen sie auch nicht die dahinter stehende Intention; schon auf Grund seiner kognitiven Entwicklung liegt die Vermutung nahe, dass Werbebotschaften ungehindert zum Kind vordringen können.[25] Am intensivsten wirkt Werbung auf Kinder im besonders anstrengenden Trotzalter. Nur starke Eltern widerstehen. Der größere Teil jedoch sieht sich genötigt, den Wünschen ihres Nachwuchses nachzukommen.[26]

Gleichzeitig stellen die Marketingexperten fest, dass der Nachwuchs die Kaufentscheidungen der Eltern massiv beeinflusst – und zwar in Höhe von sagenhaften 50 Milliarden Euro pro Jahr. Vor diesem Hintergrund starteten beispielsweise der Reiseveranstalter TUI sowie der Autobauer VW unabhängig voneinander rechtzeitig vor Beginn der Sommerferien Kampagnen, die sich gezielt an den Nachwuchs richteten.[27] Die Kinder haben eben ein erhebliches Wort mitzureden darüber, ob die Familie mit dem Auto in den Urlaub fährt oder ob sie sich in einen Flieger der TUI setzt.

Wie sehr sich Kinder durch Fernseh-Spots beeinflussen lassen, fanden US-amerikanische Wissenschaftler am Center of Advancement of Health der Stanford University heraus. In einer Untersuchung hatten die Forscher insgesamt 200 Grundschüler der zweiten und dritten Klasse zehn Tage lang vom Fernsehkonsum abgehalten. Die Folge: Im Vergleich zu einer Kontrollgruppe »bettelten« diese Kinder ihre Eltern nicht mehr um jene Spielsachen an, die in den Spots beworben wurden. In einem Artikel des Fachblattes »Journal of Developmental and Behavioral Pediatrics« resümierten die Wissenschaftler daher, dass »Kinder weniger Spielsachen fordern, wenn ihr Fernsehkonsum eingeschränkt wird«.[28]

In einer Untersuchung fokussierte die Landesanstalt für Rundfunk Nordrhein-Westfalen ihre Aufmerksamkeit darauf, wie viel Geld die Hersteller hierzulande in audiovisuelle Medien investieren, um daraus Rückschlüsse über die Effektivität der Werbung zu erhalten.[29] Als nachdrückliches Beispiel diente die Analyse der Werbeeinnahmen privater Fernsehsender. Die Netto-Investitionen in Werbung für Kinder beliefen sich im Untersuchungsjahr 1993 auf damals umgerechnet 181 Mio. Euro. Zählt man »Below-the-Line«-Maßnahmen wie Direktwerbung und Sponsoring dazu, gab die Industrie über eine Viertelmilliarde (303 Mio.) Euro aus, um die Kinder medial zu erreichen.

Um zu wirken, muss Werbung wie ein Dauerregen prasseln. Aus diesem Grund flankieren die Hersteller die Werbemaßnahmen in den Medien durch weitere Methoden. Merchandising beispielsweise erweist sich als eine ganz besondere Form der Geldvermehrung.

Eine via Fernsehen, Kino oder spätestens seit Harry Potter auch per Buch etablierte Figur findet sich als solche in den Regalen des Handels wieder. Allein »Alf«, jenes sympathische, Katzen fressende Wesen aus dem All, brachte es auf 1000 Lizenzprodukte in Deutschland – nachdem die TV-Serie ein Riesenerfolg geworden war. Auf 6000 Lizenzprodukte von Berti & Co. bringt es die »Sesamstraße« weltweit, selbst der fast ausschließlich in Deutschland bekannte rothaarige »Pumuckl« schafft 400 Lizenzprodukte. Über die »Allgegenwärtigkeit des Elefanten« Benjamin Blümchen von der Tasse bis zur Torte berichtete die Fachzeitschrift »Werben & Verkaufen« schon 1993, und bis heute hat sich an der Popularität des »Töröööö« nichts geändert.

»Die Konsumkultur dringt auch in die letzten Nischen des kindlichen Alltags vor«, warnte die LfR. »Die Kindheit befindet sich in einem tief greifenden Prozess umfassender, sprich: totaler Kommerzialisierung.«[30]

Was die Eltern meist unterbinden könnten, aber viel zu oft auf Grund fehlender Information oder Sensibilität nicht tun, provoziert eine Besorgnis erregende Entwicklung. »Die Strukturen des Konsum- und Werbemarktes tragen wesentlich zur Auflösung der Grenzen zwischen den Altersgruppen bei und führen dazu, dass sich diese in Zukunft wohl noch weiter fortsetzen wird«, schreibt die LfR. Was vor 20 Jahren für 12-jährige Kinder zählte, hat heute für die gleiche Altersklasse keine Bedeutung mehr. Immer mehr Eltern und Erzieher stellen konsterniert fest, dass schon Achtjährige »pubertieren« und Vierjährige mit Pokémon und Yu-Gi-Oh-Karten spielen. Die Mischung aus Werbung, Merchandising, der Allgegenwärtigkeit und Sofort-Verfügbarkeit der angepriesenen Produkte bleibt nicht folgenlos für die Gehirne der Kinder und Jugendlichen. Eine Horde williger Konsumkids wird da herangezüchtet – Erwachsene von morgen, deren einziges Ziel das Wollen und Haben sein wird.

Dick und doof durch Werbung?

Deutsche Kinder sind zu dick, ihre Pfunde wachsen wie ihr unstill-
barer Hunger nach dem Immer-Mehr. Was noch in den 1980er Jahren als rein amerikanische Eigenart einer Fast-Food-besessenen
US-Generation galt, ist mittlerweile Alltag in Deutschland. Die Ursachen für die zunehmende Leibesfülle der Kids und Teens sind auf
beiden Seiten des Atlantik die gleichen, denn der Nachwuchs er-
nährt sich falsch und bewegt sich zu wenig.

Eine US-amerikanische Studie zeigte, auf welche Weise Fernsehen das Essverhalten der Kinder beeinflusst. Nur oft genug einen
Spot zu hören und zu sehen genügt offensichtlich, die Verwirrung
der Kinder darüber zu schüren, welches Lebensmittel gesund ist
und welches nicht. Cola light erscheint nicht wenigen der jungen
Konsumenten gesünder als Milch – allein die Attribute »Diät«,
»light« oder »fettreduziert« setzten die Kids irrtümlicherweise mit
»gesunden« Nahrungsmitteln gleich, erklärt Studienleiterin Kristin
Harrison von der University of Illinois at Urbana-Champaign im
Fachblatt »Health Communication«.

Eine folgenreiche Verwechslung. Denn durch die Kontinuität
und Beharrlichkeit der Werbebotschaften zu angeblichen Fitness-
und Diätprodukten kommt den Kindern das Gefühl für wirklich
gesunde Lebensmittel abhanden. In der bis dahin einzigartigen Studie befragten die Forscher 134 Volksschulkinder über ihr Ernährungswissen. Dazu mussten die Kinder aus sechs Lebensmittelpaa-
ren wählen und ihre Entscheidung begründen, unter anderem war
das Paar Orangensaft/Diätcola aufgeführt. Die Beantwortung der
Fragen lief in zwei Runden ab, und zwar einmal vor und einmal
nach ausgiebigem Fernseh-Konsum. Nach der ersten Runde durf-
ten die Kinder sechs Wochen lang durchschnittlich 28 Stunden pro
Woche fernsehen. Dann folgte die zweite Runde. Hatten die Kinder
am Anfang der Studie auf einer Skala von 1 bis 6 noch ein modera-
tes Ernährungswissen, so sank dieser Wert von ursprünglich 3,7 auf
die Note vier ab. Für Studienautorin Harrison stand fest, dass vor
allem das Fernsehprogramm und die TV-Werbung verantwortlich

für die gesunkene kritische Haltung der Kids gegenüber den beworbenen Produkten war. Tatsächlich sind es vor allem Softdrinks, die die Waage unter dem Gewicht der Knirpse ächzen lassen. Im Fachblatt »Journal of Pediatrics« warnte Robert Murray von der Ohio State University auf Grund dessen vor einem steigenden Verbrauch der ungesunden Limonaden. Doch genau diese bewerben Hersteller massiv in den Medien. Zwei Dosen pro Tag konsumieren US-Teens durchschnittlich und schlucken damit rund 20 Teelöffel Zucker. Während die maximale Dosis Zucker nicht mehr als zehn Prozent der gesamten Tagesmenge ausmachen soll, lieferten jene 20 Teelöffel mit 300 Kilokalorien ein Viertel der benötigten Tagesmenge an Energie.

Barry Popkin von der University of North Carolina at Chapel Hill bestätigte die Ergebnisse seines Kollegen Murray. Sein Team hatte den Konsum von Softdrinks und gezuckerten Fruchtsäften zwischen 1977 und 1996 verglichen und festgestellt, dass der zunehmende Konsum zu einer zusätzlichen Kalorienzufuhr von 74 Kilokalorien pro Tag führte.

Die Hersteller wehren sich vehement gegen den Vorwurf der Wissenschaftler, es gebe einen Zusammenhang zwischen Werbung, dem Genuss von Softdrinks und Fettleibigkeit. Doch in Europa weht ihnen ein eisiger Wind um die Nasen. In Brüssel drohte die EU-Kommission den Produzenten mit entsprechenden Gesetzesmaßnahmen, wenn diese ihre Junk-Food-Werbung für Kinder nicht einstellten. Gesundheitskommissar Markos Kyprianou setzte die Industrie unter Druck: Selbstregulation sei der schnellste Weg, um auf das Problem aufmerksam zu machen. Gelinge das nicht, drohten härtere Gesetze.

Unterdessen scheint der politische Druck Wirkung zu zeigen. So lenkte Kraft Foods ein und fährt seine Nahrungsmittelwerbung für US-amerikanische Kinder unter zwölf Jahren zurück.[31] Betroffen sind bei Kraft Foods Produkte, die rund drei Milliarden US-Dollar und zehn Prozent der jährlichen Umsätze ausmachen. Der Konzern will eigenen Angaben zufolge künftig gesündere Lebensmittel bei jungen Kindern promoten. Der US-Gigant wendet jährlich rund 90 Mio. US-Dollar im Bereich des Lebensmittel-Marketings bei Kindern auf und steht damit hinter General Mills (167 Mio. Dollar) und Kellogg (120 Mio. Dollar) an dritter Stelle.[32] Allerdings erweisen sich die soften Marketingstrategien als Makulatur. Kraft will künftig zwar keine Werbung mehr für einige Produktlinien betreiben, die sich bisher direkt an die Sechs- bis Elfjährigen richtete. Die Snack-Werbung in den verschiedenen Medien soll für die anderen Zielgruppen aber weiterlaufen.

Was die ausgebufftesten unter den Marketingleuten als »gesundes« Lebensmittel beworben wissen wollen, hat die Auseinandersetzung um die »kleinen Steaks« noch einmal verdeutlicht. Zu den beliebten Tricks gehört es nämlich, die weniger guten Bestandteile ihrer Produkte schönzureden oder totzuschweigen und dabei eine juristisch saubere Darstellung zu bewahren. So erfahren Bundesbürger seit geraumer Zeit, dass die bei Kindern beliebten Fruchtzwerge der Firma Danone »ohne Kristallzucker« und »mit der Süße aus Früchten« munden. Letztere erklärt Danone als »Traubenfruchtsüße«. Nach Ansicht des österreichischen Vereins für Konsumenteninformation (VKI) eine klare Form von irreführender Werbung. Der Hersteller täusche eine »gesunde« Süße vor, die es biochemisch betrachtet gar nicht gibt. In der Tat: Ob herkömmlicher Haushaltszucker oder Fruchtzucker, beide Formen sind Energieschwergewichte und erhöhen zwangsläufig die Menge an zugeführter Energie sowie, je nach konsumierter Menge, das Körpergewicht. Auch in puncto Kariesbildung steht Fruchtzucker dem gewöhnlichen Süßmittel nicht im Mindesten nach. Zucker bleibt Zucker, nur die Aufnahmegeschwindigkeit ins Blut ist je nach Art unterschiedlich.

Die Verbraucherschutzorganisation reagierte und erhob im Auftrag des österreichischen Bundesministeriums für Konsumentenschutz gegen Danone Klage.

Danone selbst weist den Vorwurf der irreführenden Werbung zurück. Man würde lediglich die neue Rezeptur, bei der acht Prozent weniger Kohlenhydrate zu Buche schlügen, bewerben. Dem VKI reicht dieses Argument nicht. Denn: Für die Mehrheit der Eltern haftet die in großen Lettern gehaltene Aufschrift »ohne Kristallzucker« als besonders gesundes Charakteristikum des Produkts im Gedächtnis. Sie kaufen, weil sie vertrauen.

Vertrauen ist das Fundament jeder Kunden-Hersteller-Beziehung, es besiegelt den Erfolg eines Produkts oder, wenn nicht vorhanden, die enttäuschenden Verkaufserlöse. Und es ist ein zartes Band, das leicht zerreißt.

Obwohl die Zahl der Markenmuffel das »Volk der Schnäppchenjäger« stetig mehrt, sind 72 Prozent der Deutschen bereit, für einige Marken tiefer in die Tasche zu greifen.[33] Danone gehört zu den beliebtesten Marken. Das Unternehmen belegte in einer GfK-Befragung von 1999 über die Top-Marken in Deutschland[34] Rang acht. Kindern im Vorschul- und Schulalter sind »Danonino«, »Fruchtzwerg« oder »Actimel« ein Begriff.

Marketingstrategen haben allerdings in zahlreichen Tests herausgefunden, dass kleine Kinder noch kein Markenbewusstsein besitzen und auch keines entwickeln. Erst im Grundschulalter steigt ihre Sensibilität für intensiv Beworbenes und Produkte, deren Namen in aller Munde ist. Sehr viel später, nämlich im Teenager-Alter, hat sich eine Markenloyalität und eine Affinität beim Kauf bestimmter Marken herausgebildet. Daher mache es kaum Sinn, für die kindliche Zielgruppe Kampagnen ins Leben zu rufen, die auf eine lange Bindung ausgerichtet sind, stellt die GIM fest, und: »Der Flop wäre programmiert.«

Dass das Fernsehen – abseits von Markenbildung und Markenbindung – ein äußerst effektives Medium ist, bestätigte dagegen die »Landmark Study« der University of Carolina at Chapel Hill. Über einen Zeitraum von mehr als zwei Jahrzehnten, von 1972 bis 1999, hatten die Wissenschaftler den Einfluss von Zuwendung und Erziehung in den ersten Lebensjahren eines Kindes auf sein späteres Leben beobachtet. Ihr Fazit: Der Grundstein für ein erfülltes, erfolgreiches Leben wird im Kindergartenalter und in den ersten Schuljahren gelegt. Wer als Kind stundenlangem Medien-Konsum ausgesetzt ist, statt sinnvollen, entwicklungsfördernden und kindgerechten Beschäftigungen nachzugehen, leidet im Alter von 21 noch unter den negativen Folgen. Der Effekt verstärkt sich, wenn die Kinder aus sozial- und einkommensschwachen Schichten kommen.[35]

Neue Feste braucht das Land

Das Fest hat Tradition. Seit mehr als 2000 Jahren gehört die Nacht vom 31. Oktober auf den 1. November den Hexen. Was ursprünglich als Brauch der keltischen Kultur begann, feierten bisher vor allem Engländer und Amerikaner als Halloween. Ein Segen für die Konsumgüterindustrie, wie Hersteller auch in Deutschland aus der Ferne begehrlich verfolgten: Jenseits des Atlantik gehört Halloween zu den umsatzstärksten Events des Jahres und beschert der Lebensmittel- und Scherzartikelbranche einen regelmäßigen Verkaufsboom.

Angesichts solcher Umsatzmöglichkeiten startete in Deutschland eine der erfolgreichsten – und skurrilsten – Marketingoffensiven. Obwohl Halloween als Fest hierzulande völlig bedeutungslos ist, etablierten die Konzerne das US-Pendant als alljährliche Konsum-Gruselparty und kamen damit vor allem bei Kindern und Jugendlichen an.

Die Idee war ebenso einfach wie überzeugend. Das Gruseln zu Halloween beschert Kindern Spaß und den Eltern einen Anlass zum Feiern. Längst gehören eigens dazu hergestellte Süßigkeiten und Dekorationsgegenstände, Scherzartikel, Kostüme und Kürbisse im Spätherbst zum Repertoire des Handels.

Für die Hersteller bietet Halloween die einzigartige Chance, die Kinder auch zwischen den klassischen Festen Ostern und Weihnachten zu erreichen. Kraft Foods beispielsweise startete in Österreich mit einer Produktinnovation in den Halloween-Herbst 2004. Neu im Regal waren die Milka Marshmallow-Minis. Außerdem kreierte der Konzern kleine Milka-Monsterkürbisse, die mit Milchcreme gefüllt waren. »Halloween ist ein Trend, der sich auch in Österreich immer mehr durchsetzt – und eine Möglichkeit für den Handel, echte Zusatzumsätze zu schaffen«, sagt Ingeborg Gasser-Kriss, Marketing Director Snacks bei Kraft Foods Österreich, gegenüber der Handelszeitung.[36] Selbst Altbekanntes wirbelt im neuen Gruselgewand offenbar besser über den Ladentisch. So gibt es das »nimm2 Lachgummi« auch als minis im »schauerlichen« Hexendesign.

Gewinn ist ansteckend. Einer der globalen Leader im Consumer-Markt, der US-Gigant Procter&Gamble, erschuf »Pringles Monsterpacks« im Gruft-Outfit und versprach pro Packung 25 Gramm mehr Inhalt – für die längere Zeit bis Mitternacht, mögen sich die Entwickler dabei gedacht haben. Auch Nestlé zog mit. Während »Maggi Feine Kürbiscremesuppe« ursprünglich als reines Halloweenprodukt in die Regale kam, etablierte sich das Produkt in Österreich als Suppe für jede Jahreszeit.

Auf Halloween als neuen Trend hat sich in Deutschland auch die Centrale Marketing-Gesellschaft der deutschen Agrarwirtschaft mbH (CMA) eingeschossen. Das eigens dazu konzipierte Halloween-Aktionspaket, das im Fleischerfachgeschäft als Verkaufshilfe feilgeboten wird, enthält Fenstersticker, Aktions-Plakate, Menüpläne, Thekenaufsteller und Gespensterrezepte zum Nachkochen – mit genauer Preiskalkulation zu jedem Gericht. »Viele solcher kleinen Tipps zur gelungenen Halloween-Party werden Ihnen Ihre Kunden danken. Und auch deren Kinder freuen sich zu diesem Anlass über ein kleines Halloween-Präsent von Ihnen. Lassen Sie sich die Gelegenheit nicht entgehen – für ein gruslig gutes Geschäft«, animiert die CMA ihre Fachgeschäfte zur Teilhabe am Bigbusiness Halloween.

Zweifellos ist Halloween heute ein Anlass für Konsum- und Freizeitindustrie, die Umsätze zu steigern. Süßwaren, Spielzeug, Kostüme und Masken, Geschenkartikel oder Bastelzubehör lassen zu Zeiten von »Geiz ist geil« die Kassen klingeln. »Das Geschäft mit Halloween zielt dabei in besonderer Weise auf Kinder ab, die sich den damit verbundenen Konsumzwängen nicht oder nur schwer entziehen können«, stellt ein Positionspapier der Katholischen Jungschar in Österreich fest, das die Bundesleitung der Organisation im Juni 2004 veröffentlichte.[37]

Was die Gläubigen im Alpenland ärgert: Im Unterschied zu Nikolaus, Weihnachten oder Ostern ist Halloween ein Fest, »dessen traditioneller Hintergrund in unserem Kulturkreis nicht verankert ist«. Die Kirchenleute monierten diese Tatsache und zürnten: »Halloween ist ein Fest, das wesentlich von Wirtschaft und Medien gepuscht wird.«

Das allerdings ist nur die halbe Wahrheit. Die gezielte Etablie-
rung des Events Halloween funktioniert nämlich keinesfalls nur
auf Grund der Marketingmaschinerie. Es sind die Erwachsenen
selbst, die bei den Konsumattacken der Unternehmen sich willig
beteiligen. Keine Spur von Besinnung, Nachdenken oder Reflexion.
Eltern erliegen gern und vielfach den PR-Verlockungen – als mate-
riell orientierte Vorbilder für ihre Kinder.

Suchtrisiko als Geschäft

Abstinenz ist uncool, Trinken bis zum Abwinken gehört zum Sams-
tagabend wie die Nikes an die Füße. Der Konsum vor allem legaler
Drogen wie Alkohol und Zigaretten, aber auch illegaler Drogen be-
reitet Eltern, Erziehern und Politikern Kopfzerbrechen. Kampagnen gegen die Flasche sind gut gemeint, aber relativ wirkungs-
los. Jugendliche lassen sich eben nicht gern ihr Leben diktieren –
und auch nicht ihr Laster. Viel leichter gehen sie den Lifestyle-Ver-
sprechen der Industrie ins Netz.

Für Bier-Spots sind besonders männliche Jugendliche empfänglich. Das jedenfalls gilt für amerikanische Jungs. Ein Forscherteam
der Colorado State University war der Frage nachgegangen, unter
welchen Bedingungen die Jugendlichen auf Bierwerbung im Fernsehen reagieren, und schlug nach Auswertung der Testergebnisse
Alarm: Werbespots zu Bierprodukten animieren dann intensiv
zum kollektiven Humpenheben, wenn im Spot sportliche Aktivitäten dargestellt werden. In Deutschland kennt man solche Werbun-
gen zuhauf: Das kühle Blonde während der Hochseefahrt auf einer
Yacht, das Pils nach einer Billardpartie oder einfach ein Weizen
nach einem anstrengenden Wandertag. Die von 1997 bis 2002
durchgeführte Beobachtungsstudie gilt weltweit als eine der um-
fangreichsten ihrer Art und genießt unter Fachleuten den Ruf, ein
Meilenstein zu sein. Denn die mit 400 000 US-Dollar gesponserte
Untersuchung rollte erstmals die Auswirkungen der 1,5 Milliarden
US-Dollar schweren TV-Werbekampagnen der amerikanischen
Bierindustrie auf. Zwar beteuerten die Hersteller wie so oft, dass

ihre Spots keinesfalls auf ein jugendliches Publikum abzielten und das Verhalten der Jugendlichen daher keineswegs gefährdet sei. Doch die Ergebnisse der Colorado State Study sprechen eine deutliche Sprache.

Als Hauptproblem erweist sich nämlich die veränderte Wahrnehmung der jungen Zuschauer, die die Realität verkennen und im Gegenzug eine eigene, virtuelle Vorstellung von der Konsumwelt aufbauen. In der Colorado-Studie gaben 60 Prozent der Befragten an, TV-Spots gesehen zu haben, in denen Minderjährige Bier trinken. Das sei für sie dann auch der Grund gewesen, selbst zur Flasche zu greifen. In Wirklichkeit jedoch hatten die teuer produzierten TV-Spots keinesfalls biertrinkende Kinder oder Jugendliche gezeigt.[38]

Ähnliche Erkenntnisse hatte auch das medizinische Fachblatt »Archives of Pediatrics & Adolescent Medicine« im Jahr 2002 dokumentiert. Der an der Washingtoner Georgetown University lehrende David H. Jernigan hatte das Verhalten von Kindern und Jugendlichen im Alter von 12 bis 20 Jahren unter die Lupe genommen. Auch er wollte wissen, wie sich Alkoholwerbung in Zeitungen, Magazinen und TV auf das Verhalten des Nachwuchses auswirkt. Insgesamt 6239 Anzeigen und Spots für alkoholische Getränke analysierten die Forscher. Dabei gelangten sie zu einem schockierenden Ergebnis. Während Erwachsene auf Alkoholspots meist mit Wegzappen oder Umblättern reagieren, nehmen ausgerechnet Minderjährige, und hier vornehmlich Mädchen, solche Werbung extrem bewusst wahr[39] – eine Tatsache, die nach Ansicht der Autoren »das Versagen der Industrie für eine Selbstkontrolle offenbart«[40].

Die Fakten des Missbrauchs sind beunruhigend. Nirgendwo in Europa trinken und rauchen Jugendliche mehr als in Deutschland, wie eine Studie der Universität Bielefeld offenbart. Die Wissenschaftler befragten 160 000 Jugendliche aus insgesamt 35 europäischen Ländern, dazu aus Kanada und den USA, darunter 5600 deutsche Jugendliche. Dass Spots und Anzeigen keinen Einfluss auf den Konsum Jugendlicher haben sollen, klingt angesichts der Resultate nicht sehr plausibel. Jeder vierte 15-jährige Junge und fast ein Drittel der Mädchen im gleichen Alter rauchen.[41]

»Neuer Trend Komasaufen«

Inwieweit Alkoholwerbung sich in Deutschland stärker ausweitet als in den Nachbarstaaten, lässt sich nur erahnen – doch ausgerechnet die als trinkfest geltenden Briten, Dänen und Niederländer liegen weit hinter den deutschen Kids zurück. Bereits 15 Prozent der 13-Jährigen und nahezu die Hälfte aller Teenager über 15 konsumieren jede Woche Alkohol. Fast 40 Prozent der 15-jährigen Deutschen haben mehr als zwei Abstürze hinter sich. Das »Binge Drinking«, der extreme Alkoholkonsum innerhalb kürzester Zeit, ist zum Volkssport unter Jugendlichen geworden.

Ähnlich bitter fiel angesichts solcher Fakten auch der Drogenbericht der Bundesregierung im Jahr 2004 aus. »Neuer Trend Komasaufen« lautete hierzu die derbe, doch alarmierende Schlagzeile des *Spiegel*[42], und das Hamburger Nachrichtenmagazin konstatierte nüchtern: »Alkohol und Tabak machen der Regierung inzwischen mehr Sorgen als illegale Drogen.«

Den Ernst der Lage hat mittlerweile auch die Politik erkannt. Deutschland nahm im Jahr 2003 an der »Europäischen Schülerstudie zu Alkohol und anderen Drogen« (ESPAD) teil, eine vom Europarat initiierte Untersuchung, in der die Einstellung und das Risikobewußtsein gegenüber Alkohol- und Drogenkonsum unter Schülerinnen und Schülern analysiert werden sollten. Rund 40 Länder beteiligten sich 2003 an der einzigartigen Studie, die unter www.drogenbeauftragte.de abrufbar ist. Für Deutschland beteiligten sich die Bundesländer Bayern, Berlin, Brandenburg, Hessen, Mecklenburg-Vorpommern und Thüringen. Das Bundesministerium für Gesundheit und Soziale Sicherung (BMGS) förderte die Gesamtauswertung, die das Institut für Therapieforschung in München durchführte.

Von den befragten Schülern der neunten und zehnten Klasse gaben 78 Prozent an, mindestens einmal in ihrem Leben geraucht zu haben. Insgesamt 35 Prozent rauchten täglich Zigaretten. Beim Alkoholkonsum fielen die Ergebnisse nicht minder drastisch aus. Bezogen auf die letzten 12 Monate vor der Erhebung, waren lediglich

6 Prozent der Jungen und 5 Prozent der Mädchen abstinent. Am häufigsten hatten die Jugendlichen Alkopops getrunken (63 %), gefolgt von Bier (56 %), Spirituosen (51 %) und Wein/Sekt (50 %).

Die Auswertung ließ eine Erkenntnis reifen: Das Jugendschutzgesetz greift nicht so, wie es eigentlich sollte. Stärker als die Macht des Staates scheinen die Gesetze des Marketings zu sein. Das Jugendschutzgesetz verbietet zwar die Abgabe von Bier und Wein/Sekt an Kinder und Jugendliche unter 16 Jahren sowie die Abgabe von Spirituosen, darunter auch spirituosenhaltige Alkopops, an Jugendliche unter 18 Jahren. Trotzdem spiegelt sich das Bewusstsein um Verbot und Suchtgefahr im Konsumverhalten dieser Altersgruppe und in der Reaktion des Handels nicht wider. Fast 40 Prozent der Jugendlichen gaben an, Alkopops ohne Nachfrage an der Kasse kaufen zu können, harte Spirituosen noch 22 Prozent.

Cool mit Zigarette

Zu ähnlichen Resultaten war wenige Jahre zuvor auch die bayerische Studie »Gesundheitsverhalten von Jugendlichen in Bayern 2000« gekommen. Besorgnis erregend ist vor allem, dass immer jüngere Menschen rauchen. Seit 1995 hat sich der Anteil der Raucher unter den 12- bis 14-Jährigen verdreifacht. »Das bringt nicht nur erhebliche Gesundheitsgefahren für die Kinder mit sich, sondern verschärft indirekt auch das Problem des Konsums illegaler Drogen«, erklärte der damalige bayerische Gesundheitsminister Eberhard Sinner[43] die Entwicklung in jenem Bundesland, das von jeher als besonders rigoros in Sachen Drogenbekämpfung gilt.

Zwar komme längst nicht jeder Raucher später zu illegalen Drogen, aber jeder Drogenabhängige habe seine »Karriere« auch mit der Zigarette begonnen, so Sinner weiter. »So sensibel unsere Gesellschaft und die Medien auf illegale Drogen oder Gesundheitsgefahren wie etwa PCB oder BSE reagieren, so eigenartig gleichgültig geht man darüber hinweg, dass schon 12-Jährige in aller Öffentlichkeit rauchen. Eine Zigarette enthält 3500 Schadstoffe, darunter allein 40 Krebs erregende Substanzen. Jährlich sterben rund 110 000 Menschen in Deutschland an den Folgen des Nikotinkonsums einen vorzeitigen Tod. Ich appelliere angesichts dieser erschreckenden Tatsachen dringend an Eltern und Erzieher, dieser Gefahr für unsere Kinder mit Aufklärung und eigenem Beispiel entgegenzutreten. Alle staatlichen Präventionsanstrengungen müssen Stückwerk bleiben, wenn die Kinder im täglichen Leben einen sorglosen Umgang mit dem Killer Nikotin als selbstverständliches, gesellschaftlich akzeptiertes Beispiel zu sehen bekommen.« Sinner kritisierte die Werbung. Die Studie zeige, dass es gerade junge Menschen seien, die überaus empfänglich »für die hier verbreiteten Botschaften des Dazugehörens und Coolseins« sind. »Sie sind aber immer häufiger bei ihren ersten Kontakten mit dem Nikotin in einem Alter, wo sie die schwerwiegenden Folgen des Rauchens noch nicht überblicken können und daher den Schutz der Erwachsenenwelt bitter nötig haben. Gegen das tägliche Dauerfeuer der schönen Werbebotschaften haben verantwortungsbewusste Eltern und Erzieher einen schweren Stand. Daher muss die Tabakwerbung weiter beschränkt werden.« Mit jugendgerechter Präventionsarbeit in der Schule, in der Freizeit und in der Familie will Bayern seitdem dem steigenden Suchtmittelkonsum noch mehr begegnen. Grundlegender Ansatz der Bayern: Sie wollen ihre Jugend stark machen gegen Werbedruck und Versuchung, indem sie ihr helfen, soziale Kompetenz und Persönlichkeit zu entwickeln.

Furcht um Leib und Leben der Jugend scheint wirklich angebracht. Allein die Zahl der Zehn- bis 17-Jährigen, die mit schweren Alkoholvergiftungen in Krankenhäuser eingewiesen wurden, nahm in nur zwei Jahren zwischen 2000 und 2002 um 26 Prozent auf insgesamt 350 Fälle zu. Ein besonderes Augenmerk richtete die damalige Drogenbeauftragte der Regierung Schröder, Marion Caspers-Merk, auf die so genannten Alkopops. Denn der Konsum der beliebten Mischgetränke hat sich seit 1998 vervierfacht. Gleichzeitig explodierte der Absatz der alkoholischen Getränke von 2001 bis 2002 um 325 Prozent. Als Grund für den rauschenden Konsum machte die Drogenbeauftragte die Strategie der Hersteller aus: Alkopops seien »schulranzengängig und taschengeldfähig«[44].

Mit großer Sorge beobachtet auch das Deutsche Ärzteblatt die zunehmende »Alkoholabhängigkeit bei jungen Menschen« und schildert die fatalen Folgen. Organschäden und psychische Störungen sind zwangsläufige Folgen des Missbrauchs. Immerhin fünf Prozent aller Todesfälle bei Menschen im Alter von 15 bis 29 Jahren sind auf übermäßigen Alkoholkonsum zurückzuführen. Zudem führt die Dauerzeche in jungen Jahren zu einer »erhöhten Rate an Verkehrsunfällen, kriminellen Delikten und Suiziden«. Ungewohnt offen prangert das Deutsche Ärzteblatt die Hersteller an: »Die Werbung der Getränkeindustrie ist stark auf junge Menschen ausgerichtet und benutzt zunehmend indirekte Werbemethoden, in denen das beworbene Produkt (zum Beispiel eine Biersorte) als integraler Bestandteil des Lebensstiles junger Menschen dargestellt wird.«[45]

Neben den gesundheitlichen Problemen der Kinder und Jugendlichen wächst der wirtschaftliche Schaden. Allein in den USA verursachen Verkehrsunfälle einen Schaden von 18,2 Milliarden US-Dollar, weil Jugendliche zur Flasche griffen, bevor sie sich ans Steuer setzten. Alkoholbedingte, gewalttätige Delikte machen 35,9 Milliarden US-Dollar im Jahr aus.[46] Zwar gibt es hierzulande dazu keine entsprechenden Zahlen, der Trend dürfte aber ähnlich sein.

Trotz solcher Fakten verlaufen Versuche, den Einfluss der Hersteller auf das Konsumverhalten der Kinder einzudämmen, faktisch im Sand. Die von der Regierung Schröder durchgesetzte Verteuerung der Alkopops etwa entpuppte sich nur wenige Monate nach ihrer Einführung im Jahr 2004 als unbrauchbar. Die Hersteller zeigten sich von den Ergebnissen des Drogenberichts offensichtlich unbeeindruckt und fanden neuen Zugang zu den Geldbörsen der Jugendlichen. Irrsinnige Folge der politischen Kampagne: Auf Grund der Zusammensetzung dürfen schon 16-Jährige die neuen Alkopops erstehen.

Beispielsweise ersetzte der Schnapshersteller Berentzen aus Haselünne kurz nach Einführung der Sondersteuer auf Alkopops, die lediglich bei branntweinhaltigen Mischgetränken gilt, den Schnaps in den Getränken kurzerhand durch den abgabefreien Weinalkohol. Aus dem Alkopop »Pushkin Vibe« wurde auf diese Weise zwar ein Wodka-freies Getränk – das aber die Kids ebenso betrunken macht wie das ursprüngliche Pendant.

Die neuen alkoholischen Mischgetränke sind im Vergleich zu den »echten«, weinbrandhaltigen Alcopops auf Grund des billigeren Weinalkohols letzten Endes deutlich günstiger zu haben – und schon für 16-Jährige legal erwerbbar. Warum Politiker eine solche Maßnahme durchsetzten, wird erst bei Kenntnis der föderalen Strukturen verständlich. Der Bund darf nur auf Branntwein Steuern erheben. Alles andere hingegen bleibt in puncto Alkohol Ländersache. [47]

Rund 300 000 Kinder und Jugendliche benötigen in Deutschland dringend eine Therapie, um von ihren Abhängigkeiten wegzukommen. Rund 70 Prozent der deutschen Schüler haben Erfahrungen mit Zigaretten, jeder Vierte raucht täglich. Mindestens ein Viertel aller Kinder hat schon vor dem 12. Geburtstag Alkohol getrunken, ein Fünftel hat mit sechzehn oder früher mit dem regelmäßigen Rauchen angefangen. Von Alkopops und Zigaretten aus rutschen die Jugendlichen in eine fatale Spirale der Sucht, die über illegale Drogen in den Abgrund führt.

Interessante Fakten hat auch das Gemeinsame Giftinformationszentrum (GGIZ) der Länder Mecklenburg-Vorpommern, Sachsen-Anhalt, Thüringen und Sachsen in Erfurt zusammengetragen, das auch telefonisch bei Drogennotfällen berät. Amphetamine, darunter Ecstasy und Crystal, lösen die häufigsten Anfragen aus, gefolgt von Cannabis. Die Neugier treibt 14- bis 18-Jährige sogar so weit, Giftpflanzen auszuprobieren. Infolgedessen nehmen Notfälle, ausgelöst von Nachtschattengewächsen und Pilzen, überproportional zu. Auch was der elterliche Arzneischrank hergibt, wird probiert. Untersuchungen an Bremer Schulen deckten auf, dass über 60 Prozent der 14-Jährigen Medikamente nehmen. Ähnliche Studien weisen die Bereitschaft von 36 Prozent der Eltern nach, Schulschwierigkeiten ihrer Kinder medikamentös behandeln zu lassen. Dass damit nicht die eigentliche Notlage, nämlich die richtige Antwort auf den subtilen Hilferuf des Kindes zu finden, behoben ist, ignorieren Eltern wie Ärzte nur allzu oft.

Damit wird schon im Kindesalter eine Problemlösungsstrategie

eingeübt, die verhängnisvoll enden kann. Den Kinderärzten und
den psychosozialen Helfern tritt die Problematik als ein komplizier-
tes Geflecht entgegen, das sie kaum entwirren können. Neben der
Gier nach »harten« und »weichen« Drogen ergreifen noch andere
Süchte von Kindern und Jugendlichen Besitz: Fernsehsucht, Spiel-
sucht, Computersucht.[48]

Die simulierte Erinnerung

Entgegen der landläufigen Meinung beeinflusst Werbung unser Gehirn massiv – und löst sogar »falsche Erinnerungen« aus. Zu diesem Ergebnis gelangten Wissenschaftler an der University of
Washington im Jahr 2001. In einem bis dahin einzigartigen Experiment konnten sie belegen, dass sich Erinnerungen gezielt manipulieren und über Werbung sogar dann erzeugen lassen, wenn ihnen
nur einzelne reale Ereignisse zugrunde liegen.

Die Psychologen Jacquie Pickrell und Elizabeth F. Loftus hatten
Testpersonen eine Zeitschriften-Anzeige vorgelegt, die für einen Besuch in Disneyland warb. Zu sehen war unter anderem auch der
Cartoon-Star Bugs Bunny, dem man laut Anzeige die Hände schüt-
teln konnte. Nach der Lektüre dieser Werbung erinnerten sich nahezu ein Drittel der befragten Disney-Besucher, genau das erlebt zu
haben, was die Anzeige zeigte: Handshakes mit Bugs Bunny. Über
die Werbung schien das Erinnerungsvermögen wieder aktiviert –
ein Bild rief vertraute Emotionen und damit das Gefühl hervor,
schon selbst in der via Werbung suggerierten Situation gewesen zu
sein. Allerdings war die Anzeige eine gezielte Fälschung der Washingtoner Psychologen. Denn so beliebt der Hase Bugs auch ist –
er ist und bleibt eine Figur von Warner Brothers. Der Konkurrent
von Disneys Lieblingen Mickey, Donald und Co. hat daher noch
nie in Disneyland gastiert. Sehr zum Erstaunen der Psychologen
hatten die Probanden auf Grund der gezeigten Werbung eine falsche Erinnerung generiert.

Die Ergebnisse sorgten in der Fachwelt für Aufsehen. Auf einem Kongress der American Psychological Society diskutierte

Pickrell mit anderen Psychologen über die Leichtigkeit der Ge-
dächtnis-Manipulation via Werbung. Zwar war Medizinern
schon zuvor bekannt, dass Opfer traumatischer Erfahrungen,
etwa von Unfällen, Vergewaltigungen oder schweren Verletzungen, Teile der Erinnerung ausblenden können. Auch Richter sehen sich bei Zeugenaussagen des Öfteren mit unbrauchbaren Erinnerungen konfrontiert. Doch bis zum Washingtoner Versuch
fehlten wissenschaftliche Indizien für die Substituierung tatsäch-
licher Erlebnisse durch falsche Erinnerungen – Indizien für die
manipulative Kraft der Werbung.

Dass in der Testreihe lediglich ein Drittel der Probanden eine
falsche Erinnerung generierte, der Rest indes dem Schwindel men-
tal widerstehen konnte, hat einen Grund. Laut Pickrell entstehen
falsche Erinnerungen als fortlaufender Prozess. Nur wer eine Affinität zu dem betreffenden Ereignis hat, läuft Gefahr, sich an Dinge zu
erinnern, die nie geschehen sind. So stellte sich heraus, dass alle
»false memory«-Probanden schon vor dem Versuch Fans von Bugs
Bunny waren. Die Werbung verstärkte offensichtlich dieses Gefühl
– und gaukelte ihnen vor, den Hasen in Disneyland getroffen zu
haben. Zudem misst das Gehirn den über Medien »aufgenom-
menen« Bildern eine besondere Bedeutung zu: Es glaubt, was es
sieht. Obwohl gerade in den USA jeder Mensch im Grunde weiß,
dass Bugs Bunny eben nicht zu Disney gehört, erwies sich die
Macht der Bilder bei den schon zuvor sensibilisierten Fans als aus-
reichend, um das eigene Gedächtnis auszubooten. Die Werbebranche hat dieses Phänomen erkannt und setzt es – auch bei Kindern
und Jugendlichen – ein. Nostalgische Werbung nennen Fachleute
diesen Trend, bei dem Anzeigen ein Erlebnis heucheln, das die Be-
trachter nie selbst erlebten, von dem sie aber nach der Werbung
überzeugt sind, dass es wirklich gut war.

In einem Sonderheft des »Journal of Applied Cognitive Psycho-
logy« wird aus kognitiver Perspektive zum »False Memory Syndro-
me« explizit Stellung genommen. Lindsay & Read (1994) führen
eine Anzahl von Studien auf, die illustrieren, dass das Erinnern ein
rekonstruktiver Prozess ist und kein identischer Abruf vergangener
Erfahrungen. Aufgrund von suggestiver Beeinflussung könne es zu

Störungen und Fehlern bei der Rekonstruktion der Vergangenheit kommen.

Wie groß das Potenzial der Menschen mit falschen Erinnerungen ist, belegten weitere Versuche der US-Amerikaner. Jeder vierte Erwachsene wies falsche »Erinnerungen« aus seiner Kindheit auf. Besonders anfällig sind Menschen, die sich nicht wirklich an ihre Kindheit erinnern können. Sie bilden sich dann »Erlebnisse« ein – und Werbung kann diesen Prozess gezielt lenken. Auch darüber berichteten die Forscher auf der Jahrestagung der Amerikanischen Gesellschaft zur Förderung der Wissenschaft (AAAS) in Seattle, US-Bundesstaat Washington. Denn das Team um Elizabeth Loftus an der Universität Washington in Seattle hatte Menschen auch mit der Vorstellung konfrontiert, sie hätten als Kind mit der Hand eine Fensterscheibe eingedrückt. 24 Prozent der Studienteilnehmer gaben nach den Gesprächen an, dies sei ihnen tatsächlich passiert.

Noch leichter zu manipulieren ist das Gedächtnis, wenn es um das Abspeichern von einfachen Informationen geht. Das Experiment von Henry L. Roediger können auch die Leser dieses Buches leicht als Test mit Freunden oder Bekannten durchführen: Wem man die Worte Bett, Traum, Decke, Dösen und Polster vorliest, erinnert sich nach einigen Minuten, darauf gezielt angesprochen, auch das Wort »Schlaf« gehört zu haben. Eine Illusion – aber ein Effekt, der sich auch medial mit Werbeinhalten nutzen lässt.[49]

Dem Phänomen der falschen Erinnerungen sind auch deutsche Forscher vom Max-Planck-Institut für neuropsychologische Forschung in Leipzig auf der Spur. Axel Mecklinger, Doreen Nessler und Trevor Penney stellten nach Aufnahmen der Gehirnströme bei Probanden fest, dass »unterschiedliche Gehirnmechanismen beim Zustandekommen richtiger und falscher Erinnerungen beteiligt sind«.

Wie genau die falschen Erinnerungen entstehen, beschrieben im Oktober 2004 US-amerikanische Forscher. Die plastische Vorstellung eines Objektes aktiviert die gleichen Hirnregionen wie das tatsächliche Betrachten des Gegenstandes. Auf diese Weise entsteht aus den vorgestellten und den echten Bildern die gleiche Art von

Erinnerung, haben Kenneth Paller von der Northwestern University in Evanston und seine Kollegen mit Hilfe von Hirnscans beobachtet. Ihre Untersuchungen schildern die Forscher in der Fachzeitschrift Psychological Science (Bd. 15, S. 655).

Die Psychologen und Neurowissenschaftler untersuchten die Erinnerungsbildung bei elf jungen Männern und Frauen. Auf einem Bildschirm präsentierten sie den Freiwilligen Bilder und eine Reihe von Wörtern, zu denen sie sich lediglich ein Bild vorstellen sollten. Für die Hälfte der Begriffe gab es wirklich ein passendes Bild. Während dieser Phase maßen sie die Hirnaktivität der Probanden mit Hilfe eines Magnetresonanztomographen. Zwanzig Minuten später führten die Forscher mit den Versuchsteilnehmern einen Gedächtnistest durch. Dabei zeigten sie erneut Objekte und fragten ab, welche davon die Teilnehmer in der Studienphase zuvor auch als Foto gesehen hatten und welche nicht. Von vielen der Bilder, die sich die Teilnehmer lediglich vorgestellt hatten, glaubten sie anschließend irrtümlich, sie tatsächlich gesehen zu haben. Anhand der während der Studienphase gemessenen Hirnmuster konnten die Forscher voraussagen, an welche Objekte sich die Probanden fälschlicherweise erinnern würden. Drei bestimmte Hirnregionen waren besonders bei den Wörtern aktiv, die später irrtümlich für tatsächlich gesehene Bilder gehalten wurden. Die Forscher gehen davon aus, dass sich Teile des Gehirns, die genutzt werden, um sich an ein Bild zu erinnern und um sich ein Bild vorzustellen, überlappen. Die Folge: Ein Ereignis, dass man sich plastisch vorgestellt hat, kann dadurch eine Erinnerungsfährte im Gehirn hinterlassen, die der eines wirklich erlebten Ereignisses sehr ähnlich ist.

Die Schaffung falscher Erinnerungen erweist sich demnach für die Hersteller als mächtige Waffe: Was mit Bugs Bunny und Disneyland im Testversuch funktionierte, klappt im Grunde mit jedem Produkt – vorausgesetzt, dieses wird lange genug und mit den entsprechenden Mitteln beworben.

Die düsteren Prophezeiungen des Neil Postman

Neil Postman gilt als Legende und zählt weltweit zu den unumstrittenen Größen der Medienwirkungsforschung. Wer immer sich heute kritisch mit Medien auseinander setzt, kommt an Arbeiten des im Jahr 2003 verstorbenen US-amerikanischen Medienkritikers nicht vorbei, dem Schöpfer des Begriffs »Infotainment«.

Wie kein anderer nahm der ehemalige Volksschullehrer die Auswirkungen des Medienkonsums ins Visier. Seine Bücher »Das Verschwinden der Kindheit« (»The Disappearance of Childhood«) und »Wir amüsieren uns zu Tode« (»Amusing Ourselves to Death«) gehören mittlerweile zur Standardliteratur. Sich mit Postman zu befassen, lohnt allemal. Postman war der festen Überzeugung, dass jede technische Innovation neben einer Reihe an Vorteilen auch eine Vielzahl an Nachteilen mit sich bringt – auch das Fernsehen und die neuen Medien. In »Wir amüsieren uns zu Tode« stellte er die These auf, dass die einstige staatliche Zensur heute zwar nicht mehr existiert, aber das Vorenthalten von Informationen dennoch anhält. Menschen würden regelrecht ertränkt in belanglosen Informationen; der Schwall neuer Bilder im Minutentakt sei die neue Art, das Geschichtsbewusstsein der Amerikaner aufzuheben. Die Amerikaner wüssten alles über die letzten 24 Stunden, aber so gut wie nichts über die vergangenen Jahrhunderte, lautet die provokative Quintessenz. Bis zu seinem Tod war Postman ein überzeugter Medienpessimist. Reizüberflutung und Fernsehen nannte er in einem Atemzug, er sprach von Manipulation und Scheinwelten, die die Kritikfähigkeit im Keim erstickten und die Zuschauer verblendet zurückließen. Zwar erkannte er auch das Positive, zum Beispiel den leichteren Zugang zu Informationen und eine dadurch einsetzende Demokratisierung. Doch die Nachteile schienen Postman gravierender zu sein als die Vorzüge.

Postman zufolge blockieren audiovisuelle Medien das Nachdenken über das Gesehene. Beispiel Tagesschau: Der Zuschauer fühlt sich gut informiert, wird er aber nach Orten, Personen und Ereignissen in den einzelnen Beiträgen gefragt, muss er passen. Er erinnert sich an sie ebenso miserabel, wie er die Inhalte, die Aussagen von Politikern, Juristen und Prominenten, analysiert und bewertet. Zudem sind audiovisuelle Medien grandiose Verführer, meinte Postman. Gesichter und deren Präsentation dominieren mittlerweile die Verbreitung von Ideen – und von Produkten. Die heutigen Game-Shows und Sendungen, in denen Erwachsene Hühnerbeine mit den Lippen aus einem Terrarium voll wimmelnder Mehlwürmer klauben oder mit flatterigen Schürzchen orgiastische Tänze in Containern aufführen müssen, erscheinen wie eine Verkörperung der düstersten Prophezeiungen Postmans. Vor über einem Vierteljahrhundert hatte der Amerikaner vor der »Infantilisierung« und Trivialisierung der Gesellschaft durch die kommerziellen Fernsehsender gewarnt. Die von nahezu allen Sendern an oberster Stelle geforderte Unterhaltung des Zuschauers, durchaus auf unterschiedlichem Niveau umgesetzt, hat längst die Vermittlung von Informationen zurückgedrängt. Ob Bibel-Show, Wissens-Show oder Polit-Show – immer häufiger werden Inhalte als »light«-Version verpackt über den Äther geschickt. Mit weitreichenden Folgen: Schon Erwachsene sind kaum noch in der Lage, sich auf Texte oder eine längere verbale Argumentationsfolge zu konzentrieren. Die Medien, lehrte Postman an der New Yorker Universität, und nicht mehr die Menschen selbst, diktierten, wie wir unsere Welt erleben. Ein allzeit feuerndes Bombardement an Werbung und Entertainment gebe uns vor, was wir denken oder fühlen.

Ob Postman Recht behielt, zeigt der prüfende Blick in den Spiegel – und auf den Nachwuchs:

Wir selbst tragen Markenkleidung – und monieren, dass Spielplatz und Schulhof zu Laufstegen werden?

Wir schielen nach dem Porsche des Nachbarn – und ärgern uns, weil der Dreikäsehoch auf dem originalen Bobbycar besteht und der Teen für seine Biketouren nur einen Helm von Giro akzeptiert?

Wir haben umgehend bei Neuerscheinen einen DVD-Player oder eine Webcam angeschafft – und verweigern der Tochter eine Playstation 2?

Politik: Zeit ist Geld

Für ein Aha-Erlebnis sorgte die Studie des Statistischen Bundesamtes[50] nur bei denen, die Deutschland für eine familienfreundliche
Republik hielten – den anderen verschlug es, zumindest fürs Erste,
die Sprache. Jedem einzelnen Kind rechneten die Wiesbadener Statistiker für das Untersuchungsjahr 1998 insgesamt 1957 Stunden an
Betreuung, Versorgung und Ausbildung zu.[51] Damit, lautete ihr Resümee, kam den Kindern »deutlich mehr Zeit zugute, als ein erwerbs-
tätiger Erwachsener an seinem Arbeitsplatz verbrachte«, nämlich
1489 Jahresarbeitsstunden. Doch Quantität ist nicht immer Qualität. Auf der Grundlage der Zeitbudgeterhebung 1991/92 des Statistischen Bundesamtes und der Arbeitsstundenrechnung der Bundes-
anstalt für Arbeit schätzten die Experten, wie viel Zeit für Kinder
und Jugendliche insgesamt im Land aufgewendet wurde. Umgerechnet auf die damals 15,5 Millionen deutschen Sprösslinge ergaben
jene 30,4 Milliarden Jahresstunden ein Zeitbudget pro Kind und Tag
von knapp sechs Stunden. Eine allumfassende Fürsorge präsentiert
diese Zahl keineswegs. Die ermittelte »Zeit für Kinder« setzt sich
nämlich in der Statistik aus sehr unterschiedlichen Komponenten
zusammen. Mehr als zwei Drittel der aufgeführten Stunden betreffen
so genannte nichtentlohnte Leistungen im Privathaushalt, also beispielsweise Kochen, Waschen, Backen, Bügeln, Einkauf und Kinder-
betreuung. Das restliche Drittel, fast zwei Stunden am Tag, entfällt
der Studie zufolge auf »Erwerbsarbeitsstunden, die direkt oder indirekt nötig waren, um Waren und Dienstleistungen für Kinder bereit-
zustellen. Dazu gehören Konsumgüter ebenso wie staatliche Bil-
dungs- und Gesundheitsleistungen.«
    Tatsächlich betrug der Wert jener Waren und Dienstleistungen,
der Kindern und Jugendlichen zugute kam, im Jahr 1998 insgesamt
225 Milliarden Euro, was »knapp 16 Prozent der gesamten Konsumausgaben« entsprach. Von dieser gigantischen Summe umfass-
ten private Konsumausgaben 119 Milliarden Euro. Bildungsleistun-
gen indes machten lediglich 57 Milliarden Euro aus, alle anderen
staatlichen Leistungen summierten sich auf 49 Milliarden Euro.

Ein besonderes Augenmerk richteten die Statistiker auf die privaten Konsumausgaben für Kinder, also die Kosten, die Kinder im Privathaushalt verursachen. Der aufgeführte Betrag in Höhe von 119 Milliarden Euro entsprach knapp 12 Prozent der gesamten privaten Konsumausgaben, bei einem Anteil von 19 Prozent an der Bevölkerung ergab sich demnach ein Jahresdurchschnittswert pro Kind von 7680 Euro: »Pro Monat betrugen die privaten Konsumausgaben für jedes Kind damit 640 Euro. In Preisen des Jahres 2002 entspricht dieser Betrag etwa 670 Euro.« Diese Zahl spricht Bände. Denn erstmals belegte eine Untersuchung, dass die »Kinderkosten« im Gegensatz zu vielen anderen Schätzungen deutlich höher liegen. Erwachsene geben für Kinder nahezu ebenso viel aus wie für sich selbst. Verglichen mit den privaten Konsumausgaben aller Personen eines Haushalts, die 1998 im Durchschnitt etwa 1050 Euro pro Monat betrugen, lagen die geschätzten Ausgabengrößen für Kinder mit 640 Euro nur um knapp 400 Euro niedriger.

Dabei sind die unbezahlten Leistungen noch gar nicht mitgerechnet. Setzt man einen niedrigen Lohn voraus, nämlich den Nettolohn einer Hauswirtschafterin, müssten auf die bezahlten Leistungen im Wert von 225 Milliarden Euro noch rund 145 Milliarden Euro aufgepfropft werden – eine enorme Summe von 369 Milliarden Euro oder, pro Kind, 1980 Euro monatlich.

Angesichts solcher Ergebnisse erfährt die Forderung »Kinder an die Macht« des Deutsch-Rockers Herbert Grönemeyer eine ganz neue Bedeutung, denn Kinder und Jugendliche binden mehr Kapital als das gesamte deutsche Gesundheitswesen zusammengerechnet mit etwa 225 Milliarden Euro.

Neuromarketing: Angriff aufs Kinderhirn

Das Grauen sitzt tief. Eltern sind erschüttert, Lehrer entmutigt, Politiker verstört. Die beiden großen Studien PISA (Program for International Student Assessment) und TIMSS (Third International Mathematics and Science Study) haben bewiesen, wie ungebildet deutsche Kinder wirklich sind. So vernichtend das Urteil, so heftig die anschließenden Schuldzuweisungen: Von »Schmusepädagogen« ist da die Rede, von kopflosen Bildungspolitikern, von verwöhnten Gören und desinteressierten Eltern. Rezepte gegen die wachsende Dummheit gibt es viele. Ein modernisiertes Schulsystem mit neuartiger Unterrichtskultur könne das Problem lösen, meinen Schulreformer, »ein durchgestyltes Konzept für eine umfassende Persönlichkeitsbildung« hält dagegen der Bundeselternrat für den Stein der Weisen.

Es wundert daher nicht, wenn in der bislang fruchtlosen Suche nach einem Ausweg aus der Misere nichts wirklich geschieht und Betroffene nach dem einzigen Strohhalm greifen, den ihnen die Wohlstandsgesellschaft bietet: dem Konsum. Längst hat nämlich die Spielwarenindustrie den PISA-Schock umgedeutet und setzt auf Lernspielzeug, das intelligent und multisensorisch agiert, die Wissbegier von Kindern befriedigen und ihre sprachlichen und mathematischen Fähigkeiten anregen soll. »Die Zeit für sinnvolles Lernspielzeug ist reif«, konstatiert denn auch die Stadlbauer Gruppe, exklusiver Lizenznehmer des amerikanischen Lernspielzeugherstellers LeapFrog Enterprises[1]. In den USA macht der Anteil der mit Lernspielzeug generierten Umsätze bereits zehn Prozent des Gesamtumsatzes aus. Was Eltern und Lehrer zu überfordern droht, scheint nunmehr findigen Entwicklern in den Werkstätten der Unternehmen zu obliegen: den Nachwuchs für Denken und Wissen zu begeistern. Kluge Kinder durch kluges Schenken – wie leicht lassen sich Erziehungsarbeit und Lehrtätigkeit delegieren. Mit Vorliebe sortiert die Industrie wissenschaftliche Erkenntnisse nach ihrer Vereinbarkeit mit dem Ziel zu beweisen, der Bedarf an Lernspielzeug und Equipment für die Frühförderung steige stetig und sei entwicklungsphysiologisch notwendig. Gern bemüht wird der so genannte 3-Jahres-Mythos, wonach vor allem die ersten drei Lebensjahre darüber entschieden, welches Kind sein Dasein meistern und welches womöglich versagen wird. Dabei hat sich dieser ebenso als Irrtum erwiesen wie die Annahme, allein die Gene entschieden über die Hirnstrukturen und letztlich darüber, ob sich der Hosenmatz zu einem Schlaukopf oder einem Einfaltspinsel mausern wird – so, wie es die Forscher noch vor zwanzig Jahren annahmen. Selbst die lange Zeit aufrechterhaltene Trennung zwischen Hirnentwicklung und der Ausprägung des Verhaltens, des Gedächtnisses, des Denkens und Fühlens ist heute nicht mehr haltbar. Es waren vor allem die modernen bildgebenden Verfahren wie die Positronenemissionstomographie (PET) und die funktionelle Magnetresonanztomographie (fMRT), kombiniert mit der Magnetenzephalographie (MEG), die den Forschern Einblicke in die Arbeitsweise menschlicher Gehirne ermöglichten. Sie helfen allmählich zu verstehen, wie es unser Gehirn fertig bringt, ein Leben lang zu lernen, wie es aus uns Künstler oder Konstrukteure macht, uns erinnern oder Schmerz empfinden lässt.

Konsumgüterhersteller haben die Macht der modernen Verfahren erkannt – und reagiert. Wer den Einsatz der bildgebenden Verfahren bislang nur aus der Medizin kannte, sieht sich mittlerweile eines Besseren belehrt. Unternehmen wollen wissen, wie das Gehirn des Konsumenten auf Werbebotschaften und Produkte reagiert – und scheuen dazu keine Mühen. Neuromarketing heißt das neue Zauberwort, bei dem die Konzerne auf das Know-how von Hirnforschern setzen. Das Besondere: Durch Messung der Blutströmungen im Gehirn der Konsumenten erkennen die Forscher, welche Hirnregionen bei visuellen oder geschmacklichen Reizen reagieren. Entscheidend für die Akzeptanz eines Produktes durch unser Gehirn ist nämlich, ob die entsprechenden Zentren positiv reagieren. Das Gehirn muss auf die angebotene Ware mit einem Gefühl der Belohnung antworten, und das tut es beispielsweise durch eine erhöhte Aktivität im so genannten Putamen. Im präfrontalen Kortex, dem Bereich der Großhirnrinde, der direkt über den Augen liegt, werden Ziele und Werte abgerufen, an denen wir unser Verhalten orientieren. Außerdem kann er ablenkende Reize einfach ausblenden.

Ein eindrucksvolles Beispiel für das Wechselspiel im Gehirn ist eine Untersuchung texanischer Wissenschaftler. Nach dem Motto »Mach den Pepsi-Test«, das vor Jahren als TV-Spot einen hohen Bekanntheitsgrad erreichte, ließen Forscher am Baylor College of Medicine in Houston, Texas, Probanden Cola-Getränke konsumieren und beobachteten dabei ihre Hirnaktivität. Die Ergebnisse sind erstaunlich. Tranken die Probanden Pepsi und Coke, ohne zu wissen, um welches Getränk es sich handelte, reagierte die »Belohnungsregion« des Gehirns, das Putamen, stärker bei Pepsi als bei Coke. Die Hirnaktivität änderte sich jedoch, wenn den Konsumenten mitgeteilt wurde, welches Getränk sie gerade tranken. Jetzt schaltete sich der präfrontale Kortex ein. Wissend, dass es sich um den omnipräsenten Blockbuster handelte, bevorzugte der größte Teil der Probanden plötzlich Coca-Cola. Die Forscher schlossen daraus, dass Geschmack allein noch nicht über die Präferenz entscheidet, sondern die Markenprägung in bedeutender Weise über Erinnerung und Sinneseindrücke erfolgt.

Ein Kind ist auf besondere Weise anfällig für die Flut an Emotionen, Impressionen und Werten, die die Werbung vermittelt und der Massenkonsum auslöst, denn sein Gehirn befindet sich erst am Anfang seiner Entwicklung. Der Erfahrungsschatz eines Kindes ist begrenzt; viele Fähigkeiten und Fertigkeiten muss es erst erlernen. Dabei spielt die Umwelt eine entscheidende Rolle. Sie prägt das Kind und formt sein Gehirn. Ist die Prämisse dieser Umwelt der Konsum, hat das fatale Folgen für die Hirnentwicklung des Kindes und seinen späteren Werdegang.

Auf den folgenden Seiten zeigen wir, wie offen das kindliche Gehirn auf Reize von außen reagiert und wie intensiv diese nachwirken können.

Nervenzellen und ihr Zusammenspiel

Bis vor zehn Jahren tat sich die Wissenschaft recht schwer mit Erklärungen über die Funktionsweise des Gehirns. Die Arbeitsteilung und Spezialisierung seiner Bestandteile ist beeindruckend, ihre Vernetzung und gegenseitige Einflussnahme enorm.

Tatsache ist, dass die Nervenzellen wohl die potentesten Zellen sind, die die Evolution bislang hervorgebracht hat. Dabei bildet sich die ungeheure Menge von 100 Milliarden im Gehirn eines Menschen nicht erst im Laufe des Heranwachsens, sondern bereits im Mutterleib. Schon zwischen dem zweiten und siebten Schwangerschaftsmonat verfügt ein Fötus über das gleiche Reservoir an Nervenzellen wie ein Erwachsener. Für die endgültige Anzahl von Nervenzellen tragen Lernen und Wissen also nichts bei.

Dank ihrer besonderen Gestalt sind Nervenzellen zur Kommunikation mit anderen Nervenzellen fähig. Grob betrachtet, ähneln sie Bäumen: So genannte Dendriten stellen die Äste der Krone dar, das sich daran anschließende Axon ähnelt einem Stamm. Zusammen bilden sie die Nervenfasern. Manche der Nervenfasern sind noch mit einer dicken Isolierschicht überzogen, dem Myelin. Welche bedeutende Rolle dieses Myelin für die Hirnleistung und -entwicklung des Kindes bis zur Pubertät spielt, erläutern wir später näher.

Es ist die Fähigkeit der Nervenzellen zur Kommunikation, die gewährleistet, dass unser Gehirn funktioniert: Die einen geben ihre Signale an andere weiter – nur so kann schon ein Kind ein Salatblatt von einem Steak unterscheiden oder die Mimik seines Lehrers einschätzen. Die Signalübertragung selbst ist ein komplizierter, nicht in allen Einzelheiten verstandener Prozess. Seit längerem bekannt und recht gut erforscht ist, dass die Signalübertragung meist nur in eine Richtung verläuft, und zwar über die Kontaktstellen zweier Nervenzellen, die Synapsen. Registriert eine Nervenzelle ein Signal, werden chemische Botenstoffe ausgeschüttet, die in der nachgeschalteten Zelle ein neues Signal erzeugen.

All die 100 Milliarden Nervenzellen müssen sich während der Embryonalentwicklung miteinander vernetzen, damit aus der ungeordneten Masse ein denkendes, steuerndes, lernendes und fühlendes Ganzes entsteht. Erfahrungen von frühester Kindheit an bestimmen, wie neuronale Netze im Gehirn geknüpft werden. Während das angeborene Wissen im Hypothalamus, im Hirnstamm und im limbischen System gespeichert ist, wird das durch Lernen erworbene Wissen vor allem in der Großhirnrinde abgelegt. Verbindungen zwischen den Nervenzellen, die Funktionen vorschreiben wie beispielsweise den Herzschlag oder die Atmung, sind schon von Geburt an festgelegt. Die bereits im Mutterleib entstandenen neuronalen Verknüpfungen sind der »Urzustand«, sie bilden ein vorläufiges Muster für einen späteren Zustand des Gehirns, der davon abhängig ist, auf welche Weise und womit es gefordert wird.

In den ersten Lebensjahren nimmt die Zahl der Schaltstellen, der Synapsen, rasant zu – eine einzige Gehirnzelle kann bis zu 10 000 Synapsen aufbauen. Mit etwa zwei Jahren weist das kindliche Gehirn in etwa ebenso viele Synapsen auf wie das erwachsene, rund 100 Billionen. Kaum ein Jahr später, als Dreijähriges, wird sein Gehirn die enorme Menge von 200 Billionen aufweisen, die es bis zum Ende des zehnten Lebensjahres behält. Bildlich gesprochen, legt das Gehirn also im Kindesalter einen Wirrwarr an Wegen an, der das dichteste Straßennetz der Welt in den Schatten stellt – eine Mitgift der Natur, die dafür sorgt, dass jedes Kind sich in seiner jeweiligen Lebenswelt zurechtfindet. Erst danach erfolgt ein Abbau der Synapsen, bis das Gehirn die für Erwachsene typische Anzahl von etwa 100 Billionen erreicht hat.

Der Abbau hat wahrscheinlich einen rein physiologischen Grund: Funktionstüchtige Nervenzellen müssen mit Nährstoffen versorgt werden, und der Stoffwechsel kann diese nicht unbegrenzt zur Verfügung stellen. So greift der Körper zu einem Trick, und das Gehirn hilft ihm dabei – durch Lernen erreicht es, dass aus dem vorhandenen Wegewirrwarr des neuronalen Netzes einzelne Straßen ausgewählt und zu Autobahnen ausgebaut, andere als Landstraßen häufiger genutzt, als Trampelpfade nur selten beschritten und überflüssige durch Kappen der synaptischen Verbindungen ganz ausradiert werden. Das Tilgen nicht benötigter oder zu selten aktivierter Synapsen ist also Folge von Lernvorgängen, nicht deren

Ursache. Der Abbau von Synapsen ist kein Verlust, sondern eine Selektion dessen, was gebraucht wird.

Eine hohe Synapsendichte macht ein Kleinkind allerdings noch lange nicht zum Einstein. Trotz der vielen Schaltstellen arbeitet das kindliche Gehirn lange nicht so effizient wie das erwachsene. So nimmt die Geschwindigkeit des Signalflusses bis zum Abschluss der Pubertät um das 16fache zu. Wegen der vielen Möglichkeiten laufen Erregungen im kindlichen Gehirn noch über Umwege, was die Übertragung verzögert.

Praktisch fängt ein Baby bei seiner Geburt geistig bei null an: Es ist nicht zu komplexen Leistungen wie Denken oder Sprechen fähig, fordert dagegen instinktiv die Befriedigung seiner Grundbedürfnisse ein. Doch das Neugeborene ist weit mehr als ein unselbständiger, durch physiologische Wachstums- und Entwicklungsprozesse gekennzeichneter unfertiger Mensch. Sein größter Bonus ist seine Fähigkeit zur Wahrnehmung und zur Reaktion, sein nach allen Seiten hin »offenes« Gehirn. Um sich geistig zu entwickeln, ist es auf Input aus seiner Umwelt angewiesen. Schon das Neugeborene ist ein durch und durch soziales Wesen. Sein erster Schrei symbolisiert daher auch eine neue Qualität seiner Existenz. Durch die Interaktion mit Eltern und Geschwistern, die Reaktion auf Dinge und Erlebtes, trainiert es sein Gehirn von Anfang an.

Vererbt oder erworben – es gibt keine einzige Eigenschaft, keine einzige Fähigkeit und kein einziges Charaktermerkmal, die komplett durch Gene bestimmt wären. Seit den vergangenen 40 000 Jahren hat sich das Erbgut des Menschen nur unwesentlich geändert; wir haben deshalb ungefähr ebenso viele (oder wenige) Gene wie höhlenbewohnende Steinzeitmenschen. Im Umkehrschluss bedeutet das: Per Zeitmaschine transferiert ins 21. Jahrhundert, könnte ein damals geborenes Kind Lokomotivführer oder Physikerin werden, und ein heute geborenes Kind hätte keinerlei Schwierigkeiten, die Lebensweise unserer Urahnen zu übernehmen. Trotz der überwiegend gleichen genetischen Voraussetzungen haben sich Steinzeitmenschen hinsichtlich ihres mentalen Potenzials stark von uns unterschieden, ihre Sprache war weniger komplex, ihr Abstraktionsvermögen eher gering. Die Macht der Umwelt auf einen Menschen muss also massiv und nachhaltig sein. Hirnstrukturen sind das Ergebnis eines fortwährenden Dialogs zwischen genetischen und äußeren Faktoren – beide wirken. Ob eine fehlende Verbindung genetisch nicht vorgesehen oder mangels Erfahrungen gelöst wurde, lässt sich im Nachhinein nicht sagen. So gleicht kein Kind dem anderen, und jedes ist einmalig – selbst unter Geschwistern und sogar Zwillingen. In der Formbarkeit des Kindes wittert die Konsumgüterindustrie ihre große Chance.

Wer das Gehirn formt, gewinnt

Nichts von dem, was ein Kind kann, ist angeboren, alles ist erlernt. Seine Fertigkeiten und nicht zuletzt sein Umgang mit anderen können enorm unterschiedlich sein – je nachdem, ob es in Zaire zur Welt kommt, in Turkmenistan oder auf den Fidschiinseln –, geprägt von der Tradition, von den Wertvorstellungen und nicht zuletzt vom Milieu, in das es hineingeboren wird. Und das sieht hierzulande im Wesentlichen konsumbetont aus:

»Zwischen Kinderspielshows, Zeichentrick- und Actionserien kämpfen die Hersteller mit ihren Spots hart um Marktanteile für Lebensmittel bzw. Süßwaren, Spielzeug, CDs und trendige Markenartikel. Die Werbebotschaften verfehlen nicht ihr Ziel: Untersuchungen und Studien belegen, dass die Kaufwünsche der Kinder werbegeprägt sind«, so die Verbraucherschutzzentrale der Länder. All das entscheidet über den Werdegang eines Kindes, definiert, was aus ihm wird und wie es sein Gehirn benutzt.

Der massive Werbeeinfluss macht für ein Kind zunichte, was verantwortungsvolle Eltern, Bezugspersonen, Erzieher oder Lehrer zu formen versuchen: seine Persönlichkeit und seine Fähigkeiten zu entwickeln, indem sie es dazu anhalten,

– seine Aufmerksamkeit nur bestimmten Dingen zuzuwenden, andere dagegen zu vernachlässigen,

– seine Gefühle zu beurteilen und zu kontrollieren,

– seine Bedürfnisse zu erkennen und zu steuern,

– sein Verhalten zu interpretieren und zu verändern,

– seinen Umgang mit anderen zu überdenken und anzupassen. Denn das Ziel von Förderung, Lehre und Erziehung ist es, das Kind zu sozialisieren. Genau dieses Ziel verfolgen auch die Unternehmen – auf ihre Weise.

»Werbung verfolgt uns nahezu überall«, stellen die Verbraucherschützer fest, und: »Manchmal tragen wir sie sogar mit uns herum, z. B. in Form von Labels auf T-Shirts, Hosen und Schultaschen. Oder sie begegnet uns auf Karten und Broschüren, in Restaurants oder Banken, in Verkaufsgesprächen, an Haustüren, bei Kaffeefahrten, Messen oder als Werbepost in unseren Briefkästen«.[2]

Mit entscheidend und ebenso bedeutend wie die Gebote der Erwachsenen sind die der Kinderwelt. Das wissen die Konzerne und nutzen die Werbeeffekte für ihre Produkte aus. Was Kinder an Marken besitzen, wollen deren Freunde auch haben, ein Teufelskreis, der sich über alle Altersgruppen erstreckt. Wer die entsprechenden Marken nicht hat, gehört oft nicht zur Gruppe dazu, ein von Eltern immer wieder beobachtetes Phänomen.

Soziale Kontakte zu Gleichaltrigen und älteren Kindern sind aber geradezu essenziell für eine gesunde Entwicklung. Nur durch Interaktion mit anderen wird es dem Kind gelingen, sich zurechtzufinden. In einer reinen Konsumwelt wird sich das Kind über Marken definieren, kein natürlicher Prozess zwar, aber einer, der zwangsläufig über neuronale Mechanismen ins Rollen gebracht werden kann.

Welche Umwelt es auch immer sein mag – das Gehirn eines Kindes bildet genügend Schaltstellen, damit sich leistungsfähige neuronale Netze knüpfen können. Die bereits im Mutterleib entstandene »Verdrahtung« bildet nur ein vorläufiges Muster für den späteren Zustand. Das geschieht entgegen landläufiger Meinung eben nicht automatisch, sondern in Abhängigkeit von anderen Menschen. Selbst hierzulande wäre ein Kind ansonsten unfähig, die alltäglichsten Verrichtungen zu erledigen, unbeschadet die Straße zu überqueren, ein Radio zu bedienen oder sich ein Brot zu schmieren – von Lesen, Schreiben und Rechnen ganz abgesehen.

Zuwendung als Fundament einer gesunden Entwicklung

Überhaupt schaffen frühe Bindungserfahrungen das Fundament, auf das das Gehirn baut: Sie sind der erste und elementare Lernprozess. Fallen diese Erfahrungen negativ aus, wird auch die Hirnleistung, die Fähigkeit zu denken, zu fühlen und zu handeln, nur defizitär reifen. Dabei ist es unerheblich, ob es sich bei der Bezugsperson um Mutter, Vater oder einen Dritten handelt. Denn in den ersten beiden Lebensmonaten ist ein Baby noch nicht individuell an seine Eltern gebunden. Zwar unterscheidet es die Stimme und den Geruch seiner primären Bezugsperson bereits innerhalb der ersten zehn Lebenstage, aber einfühlsame, effektive und beständige Fürsorge sind wichtiger als Blutsverwandtschaft. Im zweiten Vierteljahr bevorzugt es diesen Menschen immer deutlicher, baut sich eine gemeinsame, vorsprachliche Kommunikation mit ihm auf – das Kind lernt, ob seine Bedürfnisse nach Körperkontakt und Nahrung ebenso befriedigt werden wie sein Interesse an Dingen und Geschehnissen. Kinder, die von Anfang an ohne Fürsorge aufwachsen müssen, werden mit sozialen, gefühlsmäßigen und intellektuellen Mängeln kämpfen müssen, werden vielleicht in der Schule nicht mitkommen, keine Freundschaften aufbauen noch aufrechterhalten können oder prinzipiell Schwierigkeiten haben, ihre Mitmenschen richtig einzuschätzen. Besonders wenn sie erwachsen geworden sind und selbst Kinder haben, treten solche Mankos zutage – dann nämlich, wenn sie unter Beweis stellen müssen, dass sie fähig sind, Regeln des Zusammenlebens aufzustellen, liebevoll und konsequent zu erziehen, Lob und Strafe sinnvoll einzusetzen und abzuwägen zwischen Grundsätzlichem und Unwesentlichem. Einige solcher Eltern werden die eigenen Erziehungsdefizite in der Regel wiederholen und sie an ihre Kinder weitergeben.

Bei Ratten, sensiblen und in festen sozialen Verbänden lebenden Tieren, haben Forscher diese transgenerationale Weitergabe von Defiziten in der Erziehungskompetenz längst nachgewiesen.[3] Allerdings stoßen Neurobiologen auf erheblichen Widerstand, wollen sie diese recht eindeutigen tierexperimentellen Befunde auf den Menschen übertragen. Sie vermuten in der ablehnenden Haltung eine unbewusste Furcht vor den Konsequenzen. Wollte man nämlich aus den wissenschaftlichen Ergebnissen die richtigen Schlüsse ziehen, stürzte die Doktrin von der genetischen Bestimmung der Hirnleistung in sich zusammen wie ein Kartenhaus – und damit ein Großteil der pädagogischen und erzieherischen Konzepte, die den Lebens- wie den Schulalltag bis heute bestimmen. Eigentlich kann sich niemand so recht vorstellen, dass sich ein solcher Paradigmenwechsel in die Praxis umsetzen, dass sich gegensätzliche oder zumindest stark modifizierte Entwürfe politisch durchsetzen ließen. Nicht zuletzt die Bevölkerung hätte wahrscheinlich wenig Verständnis für radikale Veränderungen; schließlich wuchs sie mit der irrigen Annahme auf, es liege in den Genen, Strohkopf, Koryphäe oder irgendetwas dazwischen zu sein.

Kaspar Hauser heute: das Fernsehkind

Dabei hat es in der Vergangenheit an Beweisen für das Gegenteil nicht gefehlt. Das wohl bekannteste Exempel für die körperliche, geistige und seelische Verwahrlosung eines Kindes ist das des Jungen Kaspar Hauser. Das »Wolfskind«, der Legende nach ein Abkömmling des badischen Adelshauses, tauchte 1828 in Nürnberg auf und hatte seine Kindheit in einem Kerker verbringen müssen. Aufgrund der schweren Vernachlässigung war der Junge stark zurückgeblieben und konnte bis zu seinem gewaltsamen Tod fünf Jahre später diesen Rückstand trotz intensiver Bemühungen nicht aufholen.

In jüngerer Vergangenheit waren es vor allem die Schicksale rumänischer Waisen, die nicht nur die Weltbevölkerung erschütterten, sondern auch die Forscher zu einer ganzen Reihe an Untersuchungen veranlassten. Im Frühjahr 1990 hatten SPIEGEL-Mitarbeiter im Kinderheim Cighid eine grausame Entdeckung gemacht: weggesperrte Kinder, die nackt, in ihrem eigenen Kot und Urin liegend, langsam dahinstarben. Zwar konnten die Menschen verachtenden Zustände mit ausländischer Hilfe beseitigt werden – am Erbe von Cighid tragen die Kinder aber bis heute schwer. Noch immer leiden sie an ausgeprägten Bindungsstörungen, zeigen starke autistische Symptome und sind aufgrund ihrer notorischen Unruhe kaum in der Lage, den Entwicklungsstand normal aufgewachsener Altersgenossen zu erreichen. Sie können nicht einmal ihr Verhalten, ihre Mimik und Gestik steuern noch ihre Worte so wählen, dass ihre wahren Bedürfnisse für Außenstehende wie Adoptiveltern oder andere Bezugspersonen erkennbar sind. Selbst ein Milieuwechsel konnte also die Fehlverschaltungen in ihren Gehirnen nicht wieder rückgängig machen.

Wenn diese beiden auch Extrembeispiele sind, so bleibt der Effekt im Alltag zwar ein abgeschwächter, doch ähnlicher. Wie oft beobachten Kinderärzte Symptome wie übersteigertes aggressives Verhalten, übermäßiges Klammern oder eine undifferenzierte Suche nach Tuchfühlung bei Fremden. Manche Kinder schrecken nicht einmal davor zurück, sich selbst zu verletzen oder Unfälle zu verursachen, um sich der Nähe ihrer Bezugspersonen zu versichern. Einen typischen Fall schildert der Kinderarzt Karl Heinz Brisch vom Haunerschen Kinderspital in München. [4] In ihre Babywippe gesetzt, verbringt Melanie viele Abendstunden vor dem Fernseher. Anfangs ist sie fasziniert, und die Mutter ist froh über die eingekehrte Ruhe. Doch bald lässt die Aufmerksamkeit des Kindes nach, denn die rasch wechselnden Bilder und Töne überfordern sie. Ihr Gehirn kennt keine Lösung für das, was das Auge sieht. Melanie wird quengelig. Die Mutter deutet die Unruhe der Kleinen als Durst und gibt ihr eine Nuckelflasche. Während Melanie für kurze Zeit durch die Flasche abgelenkt ist, schauen beide fern. Schließlich versucht Melanie, sich der Lawine von Sinnesreizen durch Wegschauen zu entziehen, was natürlich nicht gelingt. Sie wird immer nörgeliger. Die Mutter möchte, dass Melanie weitertrinkt, und reagiert genervt. Melanie hat aber gar keinen Durst und fängt an zu weinen. Daraufhin nimmt die Mutter Melanie hoch und legt sie samt Nuckelflasche ins Bett. Laut schreiend protestiert Melanie, und die Situation eskaliert: Die Mutter brüllt Melanie an, ist grob, schüttelt sie vielleicht sogar. Bevor Melanie einschlafen kann, ver-

gehen mehrere Stunden. »Ihr Gehirn ist überfordert, alle wahr-
genommenen Reize und die emotionalen Spannungen aus den Erlebnissen mit der Mutter in einem zusammenhängenden neuronalen Muster abzuspeichern«, schreibt Brisch. Was Melanie droht,
sind psychosomatische Probleme, die sich in Schrei-, Schlaf- und
Essstörungen äußern können, Symptome, die Fachleute von Krankheiten aus dem Formenkreis posttraumatischer Belastungsstörung
(PTSD) kennen. Ändert die Mutter ihr Verhalten nicht grund-
legend, wird sich Melanies Gehirn fehlentwickeln. »In der Folge
kann der Mensch auf spezifische Ereignisse der sozialen Umwelt
auch zu späteren Zeiten nicht angemessen reagieren.«[5] Melanie
kennt keinen Rhythmus im Tagesablauf, auf ihre Signale reagiert
die Mutter nicht. Bei Melanie ersetzt der Fernsehkonsum die notwendige Zuwendung, verbale und nonverbale Kommunikation
zwischen Mutter und Tochter findet nicht statt. Die Folgen sind
verheerend. Bereits im Kindergarten kann Melanie keine feste Beziehung aufbauen – weder zu einer Erzieherin noch zu einem anderen Kind. Ihre Stimmung wechselt oft abrupt zwischen Aggression
und Wutausbrüchen, Hilflosigkeit und Niedergeschlagenheit. Sie
ist schwer in die Gruppe integrierbar. Bei den Erzieherinnen gilt sie
als »schwieriges Kind«.

Wie nachhaltig der Einfluss mangelnder elterlicher Zuwendung
ist, konnten vor kurzem Magdeburger Wissenschaftler im Tierver-
such mit Strauchratten und Hühnerküken zeigen. Indem sie die
Jungen von ihren Eltern trennten, veränderten sich deren Hirnstrukturen langfristig, vor allem in limbischen, kortikalen Regionen, die bei emotionalem Verhalten, Lernen und Gedächtnisbil-
dung eine wesentliche Rolle spielen. Darüber hinaus verlangsamte
sich der Gehirnstoffwechsel; das stressgeplagte Junge setzte sein
Gehirn quasi auf »Sparflamme«. Weil die Nervenzellen beim
Wachstum und für die Ausbildung ihrer synaptischen Verschaltungen einen sehr hohen Energiebedarf haben, liegt es nahe anzunehmen, dass eine wiederholte oder permanente Verminderung des
Energiestoffwechsels zwangsläufig zu einer verzögerten oder fehler-
haften Reifung der Informationskanäle zum Gehirn führen. Das
hat nicht nur akute Auswirkungen, sondern vor allem chronische,

denn das Gehirn dieser Tiere wies deutlich mehr Synapsen auf als das jener, die nicht von Eltern oder Geschwistern getrennt wurden. Das sinnvolle Entfernen von Synapsen kam ins Stocken. Die Forscher nehmen an, dass dies zu Störungen in der Informationsverarbeitung führen kann, die sich schließlich in Verhaltens- und Lernstörungen äußern.[6] Auch das Gleichgewicht der Botenstoffe[7], die bei der Ausprägung von Gefühlen eine zentrale Rolle spielen, kam durcheinander. Schlussfolgernd schreiben die Magdeburger Wissenschaftler:

»Umgekehrt sollten jedoch auch positive Perspektiven betrachtet werden, die sich aus den tierexperimentellen Befunden herleiten. Die Anpassungsfähigkeit des neugeborenen bzw. frühkindlichen Gehirns ermöglicht es Eltern und Erziehern in den ersten Lebensjahren, das heißt im Vorschulalter, die Entwicklung der limbischen Schaltkreise der Kinder über eine intellektuelle und emotionale Förderung zu optimieren. Gerade diese frühe Phase muss dazu genutzt werden, die hirnbiologische Basis für spätere Lernleistungen und sozio-emotionale Kompetenz zu bilden.«[8]

Verkaufsargument 3-Jahres-Mythos

Seit Jahren hält sich hartnäckig der »Mythos der ersten drei Jahre«: Viele Eltern, Lehrer und Erzieher und sogar einige Psychologen glauben bis heute: Allein die ersten drei Lebensjahre entschieden über Können oder Versagen eines Kindes; nichts, was in dieser Zeit versäumt werde, könne jemals wieder aufgeholt werden. Schon für das erste Lebensjahr konzipiert die Industrie daher raffinierteste Dinge, die zwar weniger lehren, als sie vorgeben, dafür aber die Aufmerksamkeit der Kinder zumindest eine Zeit lang fesseln. Ruhepausen für gestresste Eltern sind der eine Effekt, das gute Gefühl, seinem Kind das Beste zu gönnen, ein weiterer. Hier nur drei exemplarisch ausgewählte Beispiele:
– Der musikalische Lernwürfel der Firma LeapFrog will beim Kleinstkind das Faible für Musik wecken: Beim Drehen auf eine der sechs Seiten ertönen melodische oder rhythmische Stücke aus

Afrika, Lateinamerika, Asien, der Karibik und der Klassik. Zusätzlich hört es Reime, kann Tiere ertasten – einen Löwen mit seiner Wuschelmähne, einen Fisch mit Schuppen – sich in einem Mond spiegeln oder Blätter entfalten.

– Der Lernspaßtisch von Fisher Price bietet Kleinstkindern bei zehn verschiedenen Spielmöglichkeiten 19 Melodien, drei gesungene Lieder, 24 Wörter und 12 Sound-Effekte. Lichter, Geräusche und Aktionen sollen die Aufmerksamkeit des Kindes fesseln.

– Die Tier-Lokomotive von tophits4kids belohnt das richtige Bewegen von vier Tasten mit wechselnden Bildern. Dazu hört das Baby Musik und Tiergeräusche.

Keine Frage, die ersten Lebensjahre haben eine immense Bedeutung für die Entwicklung eines Kindes, und es gibt einige »Zeitfenster«, die sich schließen, wenn sie nicht genutzt werden. Doch sind nur die wenigsten von ihnen auf jene kurze Zeit zwischen der Geburt und den ersten drei Lebensjahren beschränkt. Zu den wichtigsten gehören physiologische wie das Laufen, das Sprechen und die Ausbildung der Sinne. Für das Sehen beispielsweise sind die Nervenzellen angelegt: Wenn das Kind das Licht der Welt erblickt, ist bereits im Mutterleib der Hinterhauptlappen, der für die visuelle Wahrnehmung wichtige Teil des Gehirns, entsprechend ausgebildet. In anderen Bereichen dagegen, vor allem in der Großhirnrinde, mangelt es noch an Verbindungen, die sich durch Gebrauch oder Nichtgebrauch ständig auf- und wieder abbauen. Die Selektion ist also von der Erfahrung abhängig. Erst im Alter von etwa acht Jahren ist ein Kind überhaupt fähig, seine Umgebung mit den Augen vollständig zu erfassen. Doch schon mit ungefähr drei Monaten kann es seine Bezugspersonen von fremden Menschen unterscheiden, mit etwa zehn Monaten erkennt es erste Formen. War es allerdings in den ersten Lebenswochen an einem Augenleiden erkrankt, fehlen ihm später wichtige Verbindungen im Gehirn. Sein Sehvermögen wird für immer eingeschränkt bleiben.

Komplexere Funktionen brauchen noch mehr Zeit, viele neuronale Ab- und Umbauprozesse ziehen sich über die gesamte Kindheit und Jugend hin, manche davon sind erst nach Jahren abge-

schlossen. Entgegen der landläufigen Meinung ist das Gehirn nämlich ein flexibler Denkapparat, quasi ein Reaktionsorgan auf Veränderungen – und das ein Leben lang. Fachleute nennen dieses besondere Talent »Plastizität«. Selbst im Erwachsenenalter bleibt die
Plastizität bis zu einem gewissen Grad erhalten. Das Gehirn ist eben
nicht nach Abschluss der Entwicklungsphase fertig und baut danach nur noch ab. Mittlerweile gilt als unbestritten, dass sich sogar
im Großhirn Erwachsener noch neue Zellen bilden können. Obwohl die Nervenzellen beim ausgewachsenen Menschen fest miteinander verbunden sind und recht stabile neuronale Netze geknüpft
haben, ist das Gehirn beispielsweise nach Verletzungen durchaus
zur Umstrukturierung fähig. »Arbeitslos« gewordene Nervenzellen
suchen sich dann neue Aufgaben, stellen Verbindungen zu weiter
entfernt gelegenen her. Dieses Meisterstück könnte auch die Erklärung dafür sein, warum zum Beispiel Blinde akustische Signale besser auswerten können – sie können ein herannahendes Auto ein-
deutiger lokalisieren, die Bedeutung gesprochener Sätze schneller
erfassen, Geräusche und Stimmen leichter wieder erkennen, hören,
was anderen entgeht.

Frühe Sinneseindrücke, Erfahrungen und Lernprozesse werden
hirnbiologisch genutzt, um die noch unreifen, in der Gebärmutter
entstandenen Schaltkreise des Gehirns zu optimieren – und zwar
zuerst in Regionen, die unterhalb der Großhirnrinde liegen. Diese
sind wesentlich stabiler als die später entstehenden neuronalen
Netzwerke der Großhirnrinde. Neurobiologen gehen davon aus,
dass zu diesem sehr frühen Zeitpunkt Denkkonzepte für das spätere Lernen entstehen und dass jetzt die Basis für Frust oder Lust am
Lernen entsteht. Von Geburt an übernehmen Erfahrungen die Re-
gie über die genetisch festgeschriebenen Optionen und Potenziale,
mit denen ein Kind zur Welt kommt; sie stimmen die Hirnentwicklung auf die Lebenswelt dieses Kindes ab, fördern oder hemmen
Begabungen.

Maximalförderung so früh wie möglich – so könnte das Credo
auf Erkenntnisse wie diese lauten. Gerne jongliert auch die Industrie mit Fakten aus den Elfenbeintürmen der Wissenschaft.
Schließlich ist der »3-Jahres-Mythos« das beste Verkaufsargument

für ein neues Produkt. Prädestiniert für verunsicherte Eltern, deren größte Sorge der rechtzeitige Anschluss des Sprösslings an das Computerzeitalter ist, sind Lernprogramme für die Jüngsten. Schon für Zweijährige hält der Markt Entsprechendes bereit:

– Addy Buschu (»Auf dem Meer«, »An Land«, »Das Leben in Schnee und Eis«, »Die bunte Tierwelt entdecken« ...) (Vivendi Universal Games);
– Bananas in Pyjamas (»Wir haben Spaß«, »Wir feiern eine Party« ...) (UK-Import);
– Teletubbies (»Spielekiste«, »Spiel mit den Teletubbies«) (TLC);
– Teddy im Land der englischen Wörter (New Media Agency GmbH);
– Creatures Playground (Vivendi Universal Interactive).

Die Produktbeschreibungen der Hersteller lesen sich wie Verheißungen für einen sicheren Tritt auf der späteren Karriereleiter, sollen sie doch – je nach Ausrichtung – abstraktes Denken, Kreativität und Verantwortungsbewusstsein fördern, vor allem aber spielerisch wichtigen Lehrstoff vermitteln und zu selbständigem Lernen anhalten. Wer dennoch skeptisch ist, dem wird mit auf den Weg gegeben, dass es sich um Programme handelt, die mit Eltern, »Lernexperten«, Pädagogen oder »Spezialisten für frühkindliche Erziehung« entwickelt wurden.

Nur: Die Versprechungen der Lernspielzeug- und Kindersoftware-Hersteller halten einer wissenschaftlichen Überprüfung nicht stand. Weder ist der Prozess der strukturellen Ausreifung und Umformung des menschlichen Gehirns gegen Ende des dritten Lebensjahres abgeschlossen, noch wird aus einem computerspielenden Zweijährigen ein zweiter Bill Gates.

In einer Gesellschaft, in der Wohlstand Normalität ist, stößt die Industrie dennoch auf offene Türen. Längst hat die allgemeine Kommerzialisierung nicht nur das Säuglingsalter, sondern sogar das vorgeburtliche Dasein als Objekt der Begierde erkoren. Der Markt für die Jüngsten boomt, Firmen und Verlage überbieten sich schier mit Avancen an eine verunsicherte Elternschaft. Die Angebote reichen von Magazinen über Ratgeber, kognitive Trainingsprogramme, Babygymnastik und Laufschulen, pränatale Sprachkurse,

Baby-Universitäten bis hin zu In-Utero-Beschallung des mütterlichen Bauches.

Klein-Mozart im Mutterleib?

Nehmen wir nur das letzte Beispiel. Vorreiter für die Annahme, Ungeborene könnten lange vor der Geburt auf Geräusche und Berührungen reagieren, war der deutsche Psychologe Albert Peiper mit seiner 1925 aufgestellten Theorie der Wahrnehmungsfähigkeiten des Fötus. Indem sie Lautsprecher auf dem Bauch der Mutter positionierten, konnten in den vergangenen Jahrzehnten Forscher immer wieder mit Hilfe von Ultraschalluntersuchungen bestimmte Reaktionen nachweisen, z. B. dass Föten zusammenzucken, wenn ein Auto hupt. Nach mehrmaligem Wiederholen gewöhnen sich die Ungeborenen sogar daran – ein als »Habituation« bezeichneter Lernvorgang, der schon ungefähr im fünften Schwangerschaftsmonat zu beobachten ist. Tatsächlich ist im Mutterleib das Ohr das erste voll ausgebildete und voll funktionstüchtige Sinnesorgan. Schon zu diesem Zeitpunkt sind die entsprechenden Nervenfasern mit Myelin umhüllt, wodurch die Übertragung der Signale noch rascher erfolgen kann. Von allen Teilen des Ohrs ist das Innenohr das zuerst vollendete; es erreicht seine endgültige Form zwischen der 20. und 22. Schwangerschaftswoche. Schon ab der 19. Woche scheint ein Fötus tiefere Töne (um 500 Hertz) wahrzunehmen – er reagiert mit Bewegungen darauf. Später verändert sich seine Herzfrequenz, und ab dem siebten Schwangerschaftsmonat zwinkert er mit den Augenlidern, wenn er bestimmte akustische Reize registriert.

Der französische Hals-Nasen-Ohren-Arzt Alfred A. Tomatis hat jahrelang die Hörfähigkeit von Föten erforscht. Er ist der Meinung, dass das Kind im Mutterleib auf Grund der Dicke der Gebärmutterwand Klänge von außerhalb wenn überhaupt, dann nur gedämpft wahrnehmen kann. Prinzipiell müssen sämtliche Töne eine hohe Hürde nehmen, denn sie müssen die Gebärmutterwand durchdringen, über das Fruchtwasser bis zum – überdies flüssigkeitsgefüllten –

Ohr gelangen; so schützt die Natur das Kleine vor dem Tumult des Alltags. Allein die Stimme der Mutter werde auf andere Weise übertragen, meint Tomatis: über Kehlkopf, Wirbelsäule und Becken der Mutter. Die mütterliche Stimme nehme der Fötus daher weit deutlicher wahr als andere Laute. Auch spielte Tomatis Ungeborenen Teile aus dem musikalischen Märchen »Peter und der Wolf« von Sergej Prokofjew vor, das viele tiefe Frequenzen, unter anderem von Pauken, enthält. Nach der Geburt erkannten die Babys das Stück wieder.

Auch andere Untersuchungen belegen, dass die Gebärmutter, das Fruchtwasser und die Flüssigkeit in den Ohren der Föten hohe Frequenzen und schrille Töne nahezu vollständig herausfiltern. Die hohen Töne von Geige, Klarinette, Klavier oder Trompete erreichen das Ohr des Fötus kaum. Von Gesprochenem hören Ungeborene den Singsang der tieferen Vokale, während Konsonanten wegen der höheren Schwingungen nicht oder nur verzerrt ankommen. So klinge die Stimme der Mutter wie die einer Frau mit sehr tiefer Stimme, die hinter einem dicken Stoffvorhang sitzt.[9]

Hören ist also die erste Sinneserfahrung eines Kindes überhaupt. Diese prinzipielle Erkenntnis kolportieren Unternehmen gern, um werdende Eltern für CDs, Kassetten, MP3s oder DVDs zu begeistern. Besonders eifrige Mütter lesen ihrem Ungeborenen Gedichte und Märchen vor oder spielen ihm Werke von Vivaldi, Bach oder Haydn vor, indem sie die Lautsprecher auf ihrem Bauch platzieren. Der Markt bietet fast alles, was sensibilisierte Eltern erwarten: von Klassik-CDs wie »Musik für das ungeborene Kind« (Various) über die Serie »Musik für kleine Ohren« (Universal Music), die »unsere Kleinsten an die Kraft und den Zauber von Musik heranführen« soll und nicht nur Klassik, sondern auch Pop-Balladen, die Beatles und Einschlaflieder präsentiert. 2005 hat sich sogar eine CD mit Musik für Säuglinge einige Wochen lang an der Spitze der englischen Klassik-Charts halten können. Grund genug für Peter und Juliet Kindersley, Gründer des Verlagshauses Dorling Kindersley, Konzerte speziell für Ungeborene und Babys zu veranstalten. Unter dem Titel »Sound Beginnings« spielten der Geiger Paul Robertson und der Pianist Mikhail Kazakevich Werke von Schumann, Mozart und Ravel.

Produkte und Aktionen dieser Art täuschen darüber hinweg, dass es keinerlei Hinweise darauf gibt, eine Stimulation des Fötus begünstige eine beschleunigte vorgeburtliche Hirnentwicklung. Einziger positiver Effekt eines vernünftigen Umgangs mit Musik: Entspannt sich die Mutter, entspannt sich auch der Fötus. Diese »Kultur von Superbabys« mag für die Industrie ein einträgliches Geschäft und für Eltern eine Beruhigung sein, für die Kinder selbst bietet sie kaum Vorteile. Das gebildete Ungeborene gehört ins Reich der Legenden – es ist Wunschbild und Bluff zugleich.

Fürs Baby ist weniger oft mehr

Physiologisch betrachtet kommt jedes Baby zwei Monate zu früh auf die Welt – zu einem späteren Zeitpunkt würde sein Kopf nicht mehr durch den Geburtskanal passen. Keine andere Spezies ist auf eine so lange anhaltende Fürsorge angewiesen wie der Mensch.

Schon im Säuglingsalter müssen Kinder die Gelegenheit haben, sich selbst und ihre Wirkungen auf andere zu erkunden. Die Fähigkeit zur Selbstwahrnehmung erwirbt das Baby als Erstes, indem es hin- und herbewegt wird, durch Schaukeln, Wiegen und Tragen. Das stimuliert seinen Gleichgewichtssinn und hinterlässt die Botschaft in seinem Gehirn: Deine Bezugsperson schenkt dir Wärme und Sicherheit. Das Geborgenheitsgefühl, das daraus resultiert, regt das Baby dazu an, aus der passiven Bewegung eine aktive zu machen: Es beginnt zu rutschen, zu kriechen und zu krabbeln. Entwicklungsphysiologen deuten dies als Zeichen dafür, dass das Baby beginnt, eine Bindung aufzubauen. Mit der Gewissheit, jederzeit an die sichernde Basis zurückkehren zu können, unternimmt es Kurzausflüge.

Wer den natürlichen Bewegungsdrang seines Babys aus falsch verstandenem Ehrgeiz heraus mit Lauflernhilfen forcieren will, handelt unsinnig. Die Geschwindigkeit, die das Kind damit erreichen kann, entspricht nämlich keineswegs seiner altersgemäßen Mobilität; Stürze über Schwellen, Kabel oder Teppichwellen sind die häufige Folge. Auch kann das Kind an Gegenstände herankommen, die es sonst nie erreichen würde. Die Statistik belegt den fatalen Irrglauben der Eltern an industrielle Versprechen: Pro Jahr verunglücken 6000 Kinder mit Lauflernhilfen. Um mit einer Lauflernhilfe weiter zu kommen, nehmen Kinder eine Haltung ein, in der sie ohne diese Hilfe gar nicht gehen könnten. Lauflernwagen wie »Gehfrei« oder »Babywalker« verdienen ihren Namen nicht. Statt sie zu fördern, behindern sie die motorische Entwicklung des Kindes und verlangsamen das Gehenlernen. Forscher der Universität Dublin hatten ermittelt, dass ein Kind für jeden Tag, den es in einer Lauflernhilfe zubringt, durchschnittlich dreieinhalb Tage später laufen lernt. Die Lauflernhilfe birgt noch weitere Nachteile. Weil die Kinder in einem Gehfrei fixiert sind, können sie sich nicht drehen – ihre natürliche Bewegungsfreiheit ist eingeschränkt. Dadurch lernen sie nicht, bei einer seitenwechselnden Verlagerung des Körpergewichts, wie es ein freies Laufen eben erfordert, das Gleichgewicht zu halten. Das gleiche Problem tritt bei Hopsern auf, die in den Türrahmen geklemmt werden, und bei den recht beliebten Kinderwippen. Kinder, die nur selten dort hineingesetzt werden, rollen sich über den Boden, wenn sie noch nicht krabbeln können. Das trainiert ihre Muskulatur.

Kinder lernen ganz ohne teure Industrieprodukte laufen – an der Hand der Mutter oder des Vaters und indem sie sich an Möbeln hochziehen und kleine, aber bedeutungsvolle Fortschritte machen.

Es scheint unmodern geworden zu sein, auf seine Intuition zu vertrauen. Dabei weiß der gesunde Menschenverstand seit eh und je, was einem Kind gut tut: Körperkontakt, Fingerspiele, Singen, Vorlesen. Mit weniger persönlichem Einsatz zum gleichen Ziel zu kommen glauben viele Eltern, wenn sie ihrem Kind einen Spieltisch mit bunten Kügelchen, Rädern und Knöpfen vor die Nase stellen oder irgend ein anderes Babyspielzeug, das die volle Aufmerksamkeit des Kindes fesselt. Doch weit gefehlt. Die blinkende, knarrende, trällernde Glitzerwelt vieler »Lernspielzeuge« ersetzt keineswegs lebendige, wirkliche Erfahrungen und erst recht nicht die »Gefühlsarbeit« der Bezugsperson. Dabei genügt es schon, seiner Phantasie freien Lauf zu lassen. Wie gespannt ein Baby das Schlagen mit einem Löffel gegen allerlei Gegenstände verfolgt, wussten schon unsere Urgroßeltern. Die verschieden erzeugten Töne interessieren es – zumal es Tassen, Teller und Töpfe bisher nur vom Essen kennt. Im Prinzip reichen ein, zwei Spielzeuge völlig aus. Viel wichtiger noch als der Teddy im Bett sind Streicheleinheiten und die Möglichkeit, Sinnliches zu erleben. Für das Kleinstkind ist nämlich die Sichtweise Erwachsener, die Augen genügten zur Erfassung seiner Umwelt völlig unbefriedigend. Es muss seine Umgebung schmecken und mit den Lippen ertasten dürfen. Einem Kleinstkind den Gegenstand, den es gerade erkundet, zu entreißen und ihm stattdessen einen Schnuller in den Mund zu stopfen, bringt es um wichtige Primärerfahrungen. Ungefährliche Küchenutensilien, also alles, was weder scharfe noch spitze Kanten aufweist noch aus verschluckbaren Einzelteilen besteht, besitzen für Babys einen hohen Unterhaltungs- und Lernwert. Beim Baby wie auch beim älteren Kind ist weniger oft mehr. So findet es Ruhe, sich auf das Einzelne zu konzentrieren und sämtliche Eigenarten, die den Gegenstand in seinen Händen charakterisieren, zu entdecken.

Das Baby interagiert den ganzen Tag mit seiner Bezugsperson. Es lernt zum Beispiel, welche Laute und Gesten es machen muss, um Nahrung, Hilfe oder Beruhigung zu bekommen, und welche Signale seine Bezugsperson aussendet, wenn es sich in Gefahr befindet. Auch zweckfreie Kommunikation spielt eine große Rolle: kitzeln, massieren, verstecken, jagen, Töne erzeugen, singen, ihm einen Rührbesen zum »Untersuchen« geben, einen Topfdeckel, eine Kelle. Meist sind es die Erfahrungen, die für den Betreuenden mit Mehraufwand verbunden sind, die ein Kind aber erste Bekanntschaft mit seiner Umwelt machen lassen. Alles ist Lernen: das Ausräumen eines gefüllten Blumentopfs, das Herumpatschen mit einem nassen Waschlappen, das Zerpflücken von Papier. Schon der dritte Greifling, obwohl in verschiedenen Tönen klappernd, fünffach bunt und mit allerlei Kügelchen, Würfeln und Pyramiden ausgestattet, ist denkbar überflüssig. Einem Kind immer alles »vorzusetzen« raubt ihm die Chance auf Primärerfahrungen. Erlaubt ist, was keine gesundheitlichen Gefahren birgt. Einem Kind, das den ganzen Tag in seiner Wippe zubringt, mit Spielsachen ruhig gehalten wird, das sich eine Kassette nach der anderen anhören muss oder gar vor den Fernseher gesetzt wird, entgeht diese Interaktion mit Menschen und seiner natürlichen Lebenswelt. Es lernt auf gänzlich andere, defizitäre Weise. Babys und Kleinkinder müssen nicht auf das Lernen geeicht werden, ihre Sinne sind voll auf Empfang geschaltet. Der »Lerntrieb« ist jedem Kind angeboren. Permanent sucht es nach Abwechslung und Anregung, denn das Gehirn ist rastlos und hat einen ganz eigenwilligen Belohnungsmechanismus entwickelt, um seine Entwicklung voranzutreiben: Jeder noch so kleine Lernerfolg führt zu einem Wohlgefühl, das über die Ausschüttung körpereigener Glückshormone, der Endorphine, vermittelt wird. Die »Bildung« muss deshalb lange vor Schuleintritt beginnen, um bleibende und im weiteren Leben nutzbare Spuren im Gehirn zu hinterlassen – und zwar ohne Drill, massive mediale »Unterstützung« und einen Überfluss an (Lern-)Spielzeugen.

Vor allem kleine Kinder unter drei Jahren, deren soziale Fähigkeiten erst im Laufe der Zeit reifen und daher noch nicht so ausgeprägt sind, sind auf die Zeit und Muße (erwachsener) Bezugspersonen angewiesen, denn ihr Denken und Fühlen unterscheidet sich maßgeblich von dem der Vorschul- und Schulkinder. Bei den Jüngsten sind Gefühle die Sprache, die es versteht, nicht ausufernde Erläuterungen oder Begründungen. Auch kann es mit zeitlichen Begriffen wie »nachher«, »morgen« oder »heute Abend« herzlich wenig anfangen. Das Kleinstkind lebt im Jetzt. Heute besteht die große Gefahr, die Jüngsten einfach nur zu unterhalten, statt für sie beste Voraussetzungen für eine optimale Hirnentwicklung zu schaffen, indem man sie beobachtet, ihre wahren Bedürfnisse erkennt und entsprechend handelt.

»Ich will!« Über das Sein und Haben im Trotzalter

Bei Kindern zwischen drei und sechs Jahren kommt es vor allem in den vorderen Bereichen der Großhirnrinde zu einer deutlichen Volumenzunahme, den Bereichen also, die die Planung und Organisation von Handlungen sowie die Konzentrationsfähigkeit auf bestimmte Aufgaben steuern. Etwa ab dem vierten Lebensjahr verbessert sich auch allmählich die »Kommunikation« zwischen linker und rechter Gehirnhälfte. Das verbessert das Zusammenwirken der intuitiven und der analytischen Seite des Kindes: Es fällt ihm zunehmend leichter, zwischen Sein und Schein zu unterscheiden; durch entsprechende Erfahrungen geschult, lernt es, sich in andere hineinzuversetzen, ihre Gedanken und Beweggründe zu erkennen.

Eltern ist jene Zeit um das vierte Lebensjahr herum nur allzu gut bekannt als das »Trotzalter«: Stampfen und Schreien, Sichhinwerfen und Schmollen sind die imponierendsten Ausdrucksmöglichkeiten der Dreikäsehochs, die ihren Willen durchzusetzen versuchen, einen Willen, der nicht immer mit dem der Eltern oder Erzieher übereinstimmen muss. Es ist ein schwieriges und anstrengendes Alter, und die Entscheidung zwischen Verbieten und Nachgeben fällt nicht leicht. Dabei steht viel auf dem Spiel: Auf der einen Seite braucht das Kind Freiraum, um sich entfalten zu können; auf der anderen Seite sind Grenzen unerlässlich, damit aus dem Spross nicht ein hemmungsloser Egoist wird. Eltern kostet diese Phase umso mehr Zeit, Energie, Einfallsreichtum und Gespür, je weniger sie es wohlstandsverwahrlosen oder mit Gewalt unterwerfen wollen. Indem sie es liebevoll motivieren und ihm immer wieder neue Aufgaben stellen, an denen es wachsen kann, unterstützen sie unmittelbar die Entwicklung der entsprechenden Hirnbereiche. Wenn etwas nicht gelingt und das Kind wütend wird, kann die Bezugsperson notfalls eingreifen und die Wogen glätten. Nur so kann ein Kind lernen, seine negativen Gefühle angemessen, aber nicht übertrieben zum Ausdruck zu bringen. Ist die Bindungsperson zu selten anwesend, das Kind zu häufig sich selbst und seinen Unmengen an Spielsachen überlassen, fehlt ihm der »externe Regulator seiner intensiven Gefühle«.[10] Dass die Bezugsperson falls nötig eingreift, ohne zu gängeln und ständig vorzuschreiben, fördert das Selbstvertrauen und Selbstwertgefühl des Kindes. Bemerkbar macht sich diese gestärkte Persönlichkeit durch die Fähigkeit, sich auf ein Ziel zu konzentrieren und kleinere Rückschläge zu verkraften. Was heute von klein auf fehlt, ist die wohldosierte Mischung von Zutrauen und Herausforderung. Die Kinder werden mit Spielsachen und Veranstaltungen »überfüttert«, sie werden nie losgelassen, dürfen sich nicht ausprobieren, alle Probleme werden ihnen aus dem Weg geräumt, keine Auseinandersetzung mit anderen wird ihnen zugemutet: Dinge in Eigenregie zu tun ist tabu; sie werden in Watte gepackt.

Auf diese Weise verlieren sie den Sinn für die Realität, für das rechte Maß an Versagungen, für die wohldosierte Mischung von Verzicht und Begehr, für das Agieren in einer Gemeinschaft und in einer lebensechten Umwelt. Wenn sie immer nur bekommen, wonach es sie verlangt, werden sie sich am Leben vorbeientwickeln, ihr Gehirn wird später nicht mehr unterscheiden können, wann es Zeit ist, objektive Zwänge zu respektieren und sich ihnen unterzuordnen, und wann es sich lohnt, sie zu überwinden, denn ihnen mangelt es an entscheidenden Erfahrungen. Die neuronalen Netze sind falsch geknüpft. Ohne »Testlauf« bleiben die Kinder auf einer kleinkindlichen Entwicklungsstufe stehen, weil ihnen nie Verzicht auf bedingungslose Zuwendung und Unterhaltung zugemutet wurde. Schon bei kleinsten Anzeichen einer Meinungsverschiedenheit reagieren sie mit Flucht. Einerseits sind sie unfähig, angemessen auf Kritik zu reagieren, sind reizbar und übersensibel, auf der anderen Seite selbstbezogen, tyrannisch und trotzig. Krankt der Alltag des Kindes an auferlegter Einsamkeit, beschäftigt es sich vornehmlich mit Fernsehen, einem Gameboy oder allein mit seinen Spielsachen. Ohne Interaktion mit anderen Menschen können Kinder ihre bisher gemachten Erfahrungen nicht testen und nicht erweitern. Ein anderes Kind zu entdecken, ihm Dinge abzuschauen, die es selbst nicht kann, und andere »beizubringen«, die es gut beherrscht, bleibt ihm verwehrt. Ist wichtig, was es denkt, wichtig, was es tut? Weil die Reflexion durch Gleichaltrige oder ältere Kinder fehlt, leidet sein Selbstwertgefühl ebenso wie seine Gestaltungskompetenz. Das Kind wird mit dem Gefühl aufwachsen, dass sich ohne sein Zutun etwas ändert, dass es selbst nicht wichtig ist. Kinder, die so aufwachsen, kennen nur »haben« und »nehmen«, sie können sich selbst nicht einbringen, denn ihnen fehlt die Erfahrung, was es bedeutet zu geben. Ihr Frontalhirn entwickelt sich fehlerhaft, es

herrscht heilloses Durcheinander. Sie reagieren kopflos und haben
Schwierigkeiten, sich zu konzentrieren. Weil ihr Repertoire, sich
auszudrücken, im Vergleich zu dem Erwachsener eingeschränkt
ist, neigen sie zu Wutausbrüchen, was den Zustand noch ver-
schlimmert.[11] In einer konsumorientierten Welt, in jener Kinder-
Waren-Welt von heute, durchzieht diese miserable Vorbereitung
auf das Leben die gesamte Kindheit wie ein roter Faden. Wegen
seiner vorläufigen »Unvollkommenheit« ist das kindliche Gehirn
besonders anfällig für alle negativen Effekte, die damit verbunden
sind.

Um das sechste Lebensjahr herum betritt das Kind eine höhere
Stufe intellektueller Reife. Es fällt ihm immer leichter, sich selbst zu
beherrschen, die eigenen Gefühle zu kontrollieren und die Befriedi-
gigung der Bedürfnisse hinauszuschieben. Ebenso nehmen seine
Konzentrationsfähigkeit und die Zielgerichtetheit seines Lernens
zu. Auf Außenstehende wirkt das Kind jetzt »vernünftiger«. Zwischen dem sechsten und dem zwölften Lebensjahr formen und verstärken sich solche Regionen der Großhirnrinde, die eine besondere Bedeutung für räumliches Vorstellungsvermögen, logisches
Denken, Urteilsfähigkeit und abstraktes Denken haben. Naturwis-
senschaftlich-technische Unterrichtsinhalte in den ersten Klassen
zu etablieren wäre deshalb schon aus rein entwicklungsphysiologi-
scher Sicht angebracht. Obwohl wir in einer innovativen Wissensgesellschaft leben, ist Unwissen weiter verbreitet als die neuen
Medien. Über die »Grenzenlosigkeit der Wissenschaft und die
Knappheit der Talente«[12] stöhnen nicht nur führende Köpfe in der
Wissenschaft wie der ehemalige Präsident der Max-Planck-Gesellschaft, Professor Hubert Markl. Wirtschaft und Wissenschaft suchen händeringend qualifizierten Nachwuchs, die Schüler dagegen
etwas ganz anderes. Die Stuttgarter Akademie für Technikfolgen-
abschätzung hatte vor einigen Jahren Schüler nach ihrer Oberstu-
fen-, Leistungskurs- oder Studienfachwahl befragt. Das Ergebnis:
In erster Linie kommt es dem Nachwuchs auf den Spaß an. Auch
wenn die freie Fächerwahl in der Oberstufe nach amerikanischem
Vorbild zumindest fragwürdig ist, die Lust am Lernen ist eine wesentliche Voraussetzung für die Bereitschaft, Wissen aufzunehmen.

Nicht der Spaßunterricht sollte das Ziel sein, sondern eine Neugier weckende, mit praktischen und experimentellen Inhalten aufgelockerte Lehrstunde – und das bereits in der ersten Klasse. Ein Kind könne man gar nicht überfordern, sagt Anna-Katharina Braun, Professorin am Leibniz Institut für Neurobiologie, Magdeburg, und sie teilt diese Meinung mit vielen ihrer Kollegen. »Überforderung erweist sich bei näherer Betrachtung entweder als Unterforderung oder als Ergebnis langweiligen Paukens und von Drill, Entmutigung, Frustration und einer dadurch ausgelöschten Wissbegier ... dem Verlust der angeborenen Lust am Lernen.«[13]

Während ein Kleinkind Basisfertigkeiten wie Laufen oder Sprechen lernt, steht für ältere Kinder und Jugendliche der Umgang mit anderen Menschen und den eigenen Gefühlen im Mittelpunkt der Hirnentwicklung. Gerade in der Pubertät tritt der Mensch in eine entscheidende Phase des Lebens ein. Kurz zuvor verändert sich die Struktur seines Gehirns noch einmal deutlich. Die Menge an Verschaltungen im Stirnhirn steigt, Nervenverbindungen werden umgebaut – das Gehirn nimmt messbar an Volumen zu. Neurobiologen sehen darin einen Grund für die wechselnden Launen der Teenager. Weil sich in einigen Zimmern des »Oberstübchens« so viel tut, quälen Teenager sich und andere. In dieser Zeit können sie das Verhalten ihres Gegenübers ebenso schlecht einschätzen, wie sie bestimmte Situationen abschätzen können; oft liegen sie mit ihrer Einschätzung falsch. Womöglich interpretiert der Heranwachsende das sorgenvolle Stirnrunzeln des Vaters als Vorboten einer Verbalattacke und reagiert automatisch mit Aggression. Daraus resultiert eine Unsicherheit und Verwirrung, die ihn in weitere Zwangslagen bringt – in denen er sich gereizt, verwirrt, impulsiv und hin- und hergerissen zwischen Rückzug und Angriff windet. Vermutlich verarbeiten Jugendliche Reize aus der Außenwelt ganz anders als Erwachsene, nämlich indem sie Entscheidungen aus dem Bauch heraus treffen. Erst ab 18 lässt die Launenhaftigkeit nach, und ihr soziales Gespür trifft wieder ins Schwarze.

Bisher hatte man geglaubt, dass die Myelinbildung im Zentralnervensystem bis zum fünften Lebensjahr nahezu abgeschlossen sei. Der Mantel um die Nervenfaser, das Myelin, spielt nämlich

eine große Rolle für die Leistungsfähigkeit des Gehirns. Beim Betrachten erscheinen myelinumhüllte Nervenfasern weiß (daher
»weiße Substanz«), die anderen grau (»graue Substanz). Die Mye-
linhülle sorgt dafür, dass Impulse sehr schnell weitergeleitet werden
können, und zwar 30-mal so schnell wie ohne, also rund 100 Meter
pro Sekunde. Die Effizienz hat allerdings ihren Preis: Gehirnverbin-
dungen mit Myelin sind starrer und nicht mehr so flexibel. Erst im
Laufe der Entwicklung werden die Nervenfasern mit Myelin verpackt. Kleinkinder bewegen sich tapsig, weil die Nervenfasern, welche die Bewegungsimpulse aus dem Gehirn an Arme und Beine
leiten, noch nicht von dieser Schicht umhüllt sind. Dass die Nervenfasern sich erst so spät in ihre Myelinhüllen wickeln, ist wichtig,
denn isoliert werden nur jene Verbindungen, die das Hirn regelmäßig nutzt. So zementiert das Myelin gelernte und bewährte Verhaltensweisen – ein Vorgang, der bis zum zwanzigsten Lebensjahr
andauert und auch in späteren Lebensphasen wieder einsetzt. Aus
diesem Grund muss spätestens bis zum Vorschulalter Grundsätzli-
ches gelernt sein: Sprachliches Können, Forschungsdrang und eine
ordentliche Portion Neugier gehören dazu. Im Alter von elf Jahren
ist es zu spät, die im Elternhaus erworbenen Defizite ausgleichen zu
wollen. Zwar ist das Gehirn zu diesem Zeitpunkt noch nicht völlig
ausgereift, aber der Prozess ist weit fortgeschritten. Nicht nur das
Lernen, auch die Verblödung fangen mit der Geburt an, ist die dras-
tische Quintessenz neurobiologischer Forschung.[14] Auch nach der
Pubertät bleiben die Umbauprozesse im Gehirn weiterhin aktiv,
wenn auch wesentlich gemächlicher. Was in dieser Phase geschieht,
bestimmt die Regel »Use it or loose it« (»Nutze es oder verliere es«).

Genau diese Mechanismen nutzt die Industrie. Die enorme Fähigkeit des kindlichen Gehirns, sich an neue Situationen und Informationen anzupassen, gleichzeitig aber andere wieder auszublen-
den, erweist sich als Mekka für die Hersteller: Indem sie über
Werbung und eine ständige Reizüberflutung das Gehirn mit den
»richtigen« Botschaften füttern, nehmen sie den Kindern langfristig die Fähigkeit, sich eigene, kritische Gedanken zum Konsum zu
machen.

Das Spiel und seine Bedeutung für den Konsum

Heutiges Spielen ist vor allem eines: käuflich. Ein Blick ins Kinderzimmer offenbart den Überfluss. Da gibt es Stofftiere, Barbies, Shellys, Baby Borns und andere Puppen in reichlicher Zahl und Ausstattung, ein Kasperletheater mit -figuren, einen Kaufladen, eine Küche, Eisenbahnzubehör, Autos und Trucks aller Art, Rennbahnen, Parkgaragen und Helikopter, Legosteine und Playmobilsysteme, Bücher, Knetmasse, Kreide, Stifte, Wasserfarben und Malbücher, Schubläden voller Abziehbilder und Postkarten, Bücher und Spielesammlungen, Schleichtiere, Buddel-Sets und Bälle, Werkzeug- und Arztkoffer, Inline-Skates, Rollschuhe und vieles andere mehr. In dieser unüberschaubaren Fülle verliert das Kind rasch die Orientierung – und die Lust am Spiel. Fragt man ein Kind nach seinen Spielaktivitäten, antwortet es nicht selten mit einer Aufzählung der Spielsachen; was es damit tut und *wie* es eigentlich spielt, ist ihm ohne nochmaliges Nachfragen keine Rede wert.

Geht in dieser unübersehbaren Fülle etwas zu Bruch, empfindet es das selten als Verlust – das Kind lernt früh, dass alles ersetzbar ist. Auch wenn Dinge verschwinden, bemerkt es das kaum.

Viele Eltern stöhnen über den kollektiven Geschmacksdrill, doch die meisten ordnen sich dem unter. Die einen kaufen aus Furcht, ihr Kind würde sonst ausgegrenzt werden, andere verschaffen sich Ruhe vor der permanenten Quengelei, und wieder andere führen bei ihren Kindern den gleichen Lebensstil fort, dem sie selbst frönen. Das Gros der Eltern reitet auf fast jeder Welle mit, will im Namen der Kinder nicht den Anschluss verlieren. Das Wettrüsten in den Kinderzimmern drängt so manche Familie an den Rand der finanziellen Belastbarkeit, und dennoch verweigern sich Eltern nicht; Verzicht steht nicht zur Debatte. Die Zahlen sprechen für sich. Trotz allgemeiner Wirtschaftsflaute ist der Spielzeugmarkt in den vergangenen Jahren stabil geblieben, geben die Deutschen Jahr für Jahr rund drei Milliarden Euro für Spielsachen aus.

Selten können Kinder noch abwarten, Vorfreude ist für sie ein Fremdwort. Weil ihre Bedürfnisse sofort gestillt werden, kennen sie weder das Herzklopfen der Erwartung noch monatelange Vorfreude und erst recht keine lang anhaltende Freude. Der Konsum klingt nicht aus, sondern hält sich auf hohem Niveau. »Spielzeug ist da, um es zu besitzen, auszustellen und Kameraden zu präsentieren. Es mutiert zum Statussymbol. Zum Spielen taugt ohnehin das wenigste. Das Neue ist bald das Alte. Wertschätzung und Interesse sinken mit der Ubiquität des Verfügbaren.«[1]

In ist, was intensiv beworben wird, und die Industrie diktiert damit nicht nur den Geschmack, sondern letztlich auch den Wert eines Spielzeugs. Auf der Spielwarenmesse in Nürnberg stellen die Unternehmen Jahr für Jahr rund 60 000 Neuheiten vor, von denen viele schon bald in den Spielwarenläden und Kaufhäusern zu finden sind. Das Massenangebot kann aber nicht darüber hinwegtäuschen, dass die Spiele-Palette schrumpft: Gewinner sind elektronisches und technisiertes Spielzeug in immer mehr Variationen sowie alles, was sich sammeln lässt; Verlierer sind die Klassiker. Fachleute sprechen bereits von einer Monokultur der Elektronik, da sich in bestimmten Altersstufen 50 und mehr Prozent der Tätigkeiten darauf reduzieren.

Vorgefertigtes und elektronisches Spielzeug

Keine Frage, die Zeichen der Zeit stehen auf Technisierung. Da gibt es Baby-Puppen und Plüschtiere, die weinen, lachen, schmatzen oder aufstoßen können, Modellbahnen, die digital ferngesteuert werden, oder, schon für die Kleinsten, »Lerncomputer«, wo beim Druck auf eine kuhförmige Taste ein »Muuh« ertönt oder sich beim Drehen einer Kurbel ein Traktor knatternd vorwärts bewegt. Einen Höhepunkt erfuhr das allgemeine Elektronik-Fieber zweifelsohne durch das Mitte der 1990er Jahre auf den Markt gebrachte Cyber-Küken Tamagotchi (deutsch: »geliebtes Ei«), ein kleines rundliches Gerät, dessen Bildschirm seinem Besitzer »Bedürfnisse« wie Schlafen, Essen, Trinken und Zuneigungsbedarf signalisierte. Blieb der geforderte Knopfdruck aus, »starb« der Schützling. Ursprünglich konzipiert für Achtjährige, avancierte das Tamagotchi alsbald zum Kultobjekt für alle Altersgruppen.

Auf der einen Seite vermittelt elektronisches Spielzeug Sicherheit, des Öfteren sogar die Möglichkeit, der Enge der von Erwachsenen gesteckten Grenzen zu entfliehen und abschalten zu können. Manches verschafft ihnen auch Erfolgserlebnisse, positiven Stress, der letztlich das Selbstwertgefühl steigert. Auch technisiertes Spielzeug mag (anfangs) ganz unterhaltsam sein, bietet es doch Kurzweil und hinterlässt den Eindruck, es sei besonders »echt«. Dass dergleichen Spielsachen dem Kind wichtige Entwicklungsschritte stehlen, ist die Kehrseite der Medaille. Kinder versinken nicht selten in Stille, wenn sie vom Töff-Töff der Eisenbahn, vom Greinen der Puppe oder Tatütata des Feuerwehrautos übertönt werden. Denn prinzipiell sind Kinder nicht auf die Klang-Vorschriften der Spielwarenhersteller angewiesen; sie sind einfallsreich genug, wenn es um die Beseelung ihrer Spielzeuge geht: Sie imitieren das Klagen des Teddys, wenn dieser vom Bett auf den Boden geplumpst ist, schieben mit einem nachdrücklichen »huhuhuh« die Holzeisenbahn vor sich her, können jaulen wie ein Martinshorn und kreischen wie quietschende Bremsen. Je früher Kinder mit technisiertem und elektronischem Spielzeug überhäuft werden, desto nachteiliger wirkt sich das auf ihre Entwicklung aus. Vor allem die Sprache leidet, denn was in den Ohren Erwachsener wie kindischer Zeitvertreib klingt, ist in Wirklichkeit essenziell für das Erlernen der Muttersprache: Das »brumbrumbrum« oder »tschtschtsch« hilft bei der korrekten Lautbildung.

Vorgefertigtes Spielzeug hindert auch ein älteres Kind daran, seiner Phantasie eine Stimme – eine Sprache – zu geben. Stattdessen erschöpft sich der kindliche Einfallsreichtum in der begrenzten Menge der Vorgaben, die der Hersteller in das Spielgerät integriert. Auf diese Weise bleibt nur noch wenig Raum für freies Spielen. Meist erlauben solche Spielzeuge nur, ein oder mehrere bestimmte

Programme ablaufen zu lassen. Sie regen nicht an, sondern reduzieren und unterdrücken die Aktivität des Kindes – seine Phantasie kommt zu kurz, geistige Verarmung ist die Folge. Dabei sind es die unspektakulären Dinge, die die Vorstellungswelt des Kindes einzwängen. Meist bleibt es nicht bei einigen wenigen Formen und Farben. Das Spielzeug ist nicht nur konfektioniert, sondern auch perfektioniert. So stört zu buntes Baumaterial beim Gestalten, besonders drollige Bärchen, mit Sternen bestückte Pferderücken oder langwimperige himmelblaue Hundeaugen verkitschen die Einstellung zu Tieren. Einfaches Spielzeug begleitet Kinder in ihre Phantasiewelt, Überbordendes und Überflüssiges führt sie in die Sackgasse der Ideenlosigkeit.

Der technische Fortschritt – und das ist nicht nur etwas, was die Kinder betrifft – verändert unsere Lebenswelt weg von der Unmittelbarkeit hin zum Indirekten, Unwirklichen. Was einst natürliche Prozesse zwischenmenschlicher Kommunikation und individuellen Erlebens waren, wird zunehmend ersetzt durch Computerspiele, Homebanking, Chatrooms, SMS … Natürliches macht Künstlichem Platz, eine erfahrbare Sinneswelt verwandelt sich in eine konstruierte. Kinder konsumieren passiv, lernen indirekt. Viele Medieninhalte und vorgefertigte Spielsachen beschränken sich auf die Übermittlung gängiger Klischees und begrenzter Informationen.

Mittlerweile kennen die meisten Kinder zwar jede Figur in Kinderfernsehen und Kino, können problemlos Marken bestimmten Produkten zuordnen oder per Mausklick sogar Erwachsene in Autorennen schlagen – dafür gibt es immer mehr unter ihnen, die noch nie eine Himbeere gepflückt haben oder auf einen Baum geklettert sind. Es fehlt ihnen an Anregungen, an sinnlichen Erfahrungen und an Orientierung. Eingeschränkt auf Visuelles und Auditives aus Fernsehen, Radio oder Computer, bleiben wichtige Denkprozesse unangeregt.

Das massenkulturell geprägte Dasein vieler Kinder schränkt nicht nur die Eigeninitiative ein, sondern verhindert wichtige Lernschritte für die Bildung der Persönlichkeit: die Planung und Ausführung von Vorhaben, Erfahren der Folgen des eigenen Tuns, In-

terpretation und Reflexion der Auswirkungen vor dem Hintergrund zuvor gemachter Erfahrungen. Das Selbstbild leidet ebenso
wie die Selbstsicherheit, das Kind wird inkompetent. und sein Ur-
teilsvermögen lässt zu wünschen übrig. Medien versetzen das Kind
in den Irrglauben teilzuhaben, »mittendrin« zu sein.

Selber machen bringt das Gehirn auf Trab

Wichtiger ist ein reichhaltiger Erfahrungsschatz in viele Richtungen, damit sich das kindliche Gehirn möglichst optimal entwickeln
kann. Beobachtungen und Studien haben ergeben, dass es zur Ausbildung eines lernbereiten Gehirns keiner raffinierten Methoden
oder Spielzeuge bedarf. Sie fördern die kognitive, motorische und
sprachliche Entwicklung des Kindes nicht besser oder intensiver als
altmodisches Spielzeug – mit dem Unterschied, dass Bauklötze,
Perlen, Puzzles, Lottos oder Fädelspiele keine negativen Neben-
effekte wie Überreizen haben und Spiele wie Verstecken oder Fangen darüber hinaus soziale Kompetenzen lehrt.[2] Vorgefertigtes und
elektronischen Spielzeug unterbindet dieses freie Spielen, die Ei-
gentätigkeit des Kindes geht verloren. Wenn es keine Geschichte
um eine Figur herum erfinden kann, wenn es dieser Figur kein Ziel
mehr geben kann, keine Wege mehr ausprobiert, dieses Ziel zu erreichen, wenn es nur noch aus einem Konglomerat an spielerischen
Darreichungsformen auszuwählen braucht, verliert es die Über-
sicht. Es wird nicht mehr weitblickend denken können. Es wird
sich konfus hierhin und dorthin wenden, mal diesem, mal jenem
Spielzeug seine kurze Beachtung schenken, um es schließlich ir-
gendwo fallen zu lassen und zu vergessen. Kein Spiel baut auf dem
anderen auf, es fehlt ihm an System, an logischer Abfolge. Ziellos
verlangt das Kind schließlich mehr: die neueste Generation für
einen neuen Kick. Das Kind hat gar keine Chance mehr, ein spezielles Interesse zu entwickeln, denn auf Entwicklung sind diese Spielzeuge nicht angelegt. Hier geht es nur noch um eine Momentauf-
nahme der Spielbefriedigung, ein Ablenkungsmanöver von der
Langeweile.

Indes: Die Spielwelt in die Zeit vor der allgemeinen Elektronisie-
rung und Technisierung zurückzukatapultieren ist ebenso unsinnig.
Kinder leben nun einmal in einer technikorientierten Zeit, und sie
müssen sich darin zurechtfinden. Man muss sie nicht von dergleichen Spielzeug fern halten, um sie besser für ihre Zukunft zu rüsten,
ihnen eine lebendige Erfahrungswelt zu schenken. Doch Überfluss
lässt nach Dosissteigerung gieren, und ein Zuviel führt die Kinder in
eine nicht enden wollende Spirale aus Konsumorientiertheit, Des-
interesse, Langeweile, Konzentrationsschwäche und Schulversagen.

Das »Recht auf Spiel« ist Teil der inzwischen auch in Deutschland ratifizierten UN-Kinderrechtskonvention, über deren Durch-
setzung die Internationale Vereinigung für das Recht des Kindes
(IPA) wacht. Sie moniert, was hierzulande mittlerweile selbstverständlich geworden ist. Wenn Eltern die grenzenlosen Wünsche ihrer Sprösslinge nicht erfüllen wollen oder können, verdienen sich
die Kinder zum Taschengeld etwas dazu: Sie arbeiten, um im Kon-
sumterror mithalten zu können.

Sein oder nicht sein? Die Crux mit den Computerspielen

Kaum ein Thema spaltet die Schar der Eltern und Experten mehr
als dieses. Zwischen Schwarz und Weiß in der Meinungsvielfalt gibt
es eine ganze Reihe an Grautönen – der kleinste gemeinsame Nen-
ner taucht dann und wann in der Gischt der aufschäumenden Ge-
müter auf. Während die einen die Beziehung zwischen Kind und
Computer verteufeln, glorifizieren ihn die anderen als zukunfts-
trächtigen Schritt in die richtige Richtung. Dabei übersehen die einen wie die anderen: Es gibt einfach keine Garantie dafür, dass ein
Kind, das nichts mit einem Computer zu schaffen hatte, zu einem
allseits interessierten, sozial kompetenten Zeitgenossen heranwächst und dass andererseits das frühe Bedienen eines Computers
oder eines anderen Spielgeräts einen späteren Erfolg in Ausbildung
und Beruf sichert.

Heute gilt der Gameboy Vorschul- und Grundschulkindern als
Einsteigermodell für die spätere Computernutzung. Kaum ein Kin-

derzimmer, in dem nicht nur einer, sondern gleich mehrere Gameboys anzutreffen sind. Aus welchen Motiven heraus Kinder Gameboy spielen, ist überraschend. Untersuchungen haben ergeben, dass sie ihn vor allem dann anderen Beschäftigungen vorziehen, wenn sie frustriert, enttäuscht, allein gelassen sind, wenn sie in einem Schultest schlecht abgeschnitten haben oder sich langweilen. Sie fühlen sich durch das Spiel herausgefordert, wollen sich beweisen. Der Gameboy dient als Ausgleich für das, »was Kinder in der alltäglichen Lebenswelt vermissen«[3]:

– Er ist ein allseits bereiter und stets verfügbarer »Ersatzpartner«, der »gerecht« und »gefühlsneutral« reagiert. Er soll kompensieren, was an Kontakt mit Familienmitgliedern oder Gleichaltrigen fehlt.

– Kinder leiden häufig unter Ohnmachtsgefühlen: Ihr Einfluss auf Gegebenheiten oder Ereignisse ist marginal. Der Gameboy vermittelt ihnen »ein gewisses Macht- und Kontrollgefühl in einer miniaturisierten und auf wenige Grundelemente reduzierten Welt«.

– Weil seine Inhalte so einfach sind, fungiert er als Gegenpol zur Komplexität des Lebens, an der Kinder so oft scheitern. Nuancierungen verschwinden, in der Welt des Gameboys gibt es nur Gut und Böse, Falsch und Richtig. [4]

Allmählich entwachsen die Kinder dem Gameboy-Alter und kommen in das Computer-Alter. Mittlerweile ist der Computer ein normales Medium für Kinder geworden. In der Untersuchung »Kinder Online 2004« der Agentur für neue Medien NEUE DIGITALE in Zusammenarbeit mit dem Frankfurter Kinderbüro und der Johannes-Gutenberg-Universität Mainz, hatten von 277 befragten Kindern zwischen sechs und 16 Jahren über 80 Prozent angegeben, regelmäßig einen Computer zu nutzen. Mehr als die Hälfte besaß einen eigenen Computer, ein weiteres Drittel greift auf den der Eltern zurück. Computerbesitz allein sagt allerdings noch nichts darüber aus, was die Kinder damit tun – auch wie viel der Computer die Freizeit eines Kindes durchschnittlich beschneidet, weiß niemand. Es gibt allerdings Hinweise darauf, dass die Kinder den Computer so in den Tagesablauf einpassen, dass anderer Medienkonsum nicht zu kurz kommt, wohl aber kreative Tätigkeiten. Wie anspruchsvoll der Computer genutzt wird, hängt davon ab, wo und unter welchen Umständen dies geschieht. In der Regel gebrauchen Kinder den Computer umso einfallsreicher, je häufiger Erwachsene Unterstützung gewähren. Zudem gehen sie ganz individuell mit dem Computer um. Interessieren sie sich für ihre Nahwelt, gehen sie gern zur Schule und haben Spaß am Lesen, spielen sie vermehrt Lernprogramme ab. Der Computer wirkt also nicht von sich aus, sondern in Abhängigkeit von den Neigungen des Kindes.

Heutzutage können schon die Kleinsten Erfahrungen mit einem Computer machen, wenn die Eltern es erlauben. Für Kinder und Jugendliche sind die technischen Möglichkeiten dieses Mediums einfach faszinierend: grafisch und inhaltlich aufgepeppte, spannende Spiele, die die Abenteuerlust wecken und reizen, in die so ganz andere Welt eines digitalen Helden einzutauchen. Rund eine Milliarde Euro geben die Deutschen jährlich für Computerspiele aus – die Leidenschaft des Spiels teilen Erwachsene und Kinder gleichermaßen. Der Markt für Computerspiele ist unüberschaubar, Schätzungen gehen von einigen 10 000 aus.

Das Computerspiel bietet den Kindern Freiräume, die sie »draußen« kaum mehr haben. Ungestraft Erfahrungen machen zu dürfen, Grenzen auszuloten – die Dichte des Verkehrs, die verinselten Spielplätze inmitten eines kinderfeindlichen Stadtraums erlauben ihnen das nicht mehr. Also weichen sie aus: in das mediale Universum, einen Raum für unbegrenzte Möglichkeiten. Hier können sie Fehler machen, ohne dass ihnen wirklich etwas geschieht. Der Computer macht, was sie wollen, er gehorcht ihnen, die sonst gehorchen müssen. Weil sich der Rausch rasch verflüchtigt und die Gewöhnung die Erregung dämpft, haben sich die Spiele in den vergangenen Jahren extrem schnell verändert. Handelte es sich ursprünglich um einfache Objekte mit minimalen Bit-Zeichen, fesseln inzwischen dreidimensionale Spielfiguren, die mit Vektorengrafik erstellt wurden, auch die Jüngsten. Ebenso hat sich eine enorme Vielfalt am Markt etabliert: über Run-and-Jump-Spiele bis hin zu Adventure-, Lern-, Förder- und Problemlösungsspielen. Be-

fürchtungen, dass computerspielende Kinder vereinsamte, zurück-
gezogene Eremiten sind, haben sich nicht ganz bestätigt. Während
es noch Anfang der 1990er Jahre zu Beginn des Spiele-Hypes nur
wenige Spiele gab, die man gemeinsam spielen konnte, sitzen heute
Kinder oft gemeinsam mit Freunden vor dem Rechner. Schon Achtjährige treffen sich zu regelrechten Game-Partys, auf denen sie ihre
Kräfte messen, indem sie versuchen, zu punkten oder eine höhere
Spielebene zu erreichen; sie schließen sich zu Parteien zusammen
oder helfen einander, wenn es beim Spiel zu knifflig wird, tauschen
Spielerfahrungen und Spieldisketten aus. Jedoch: Wer Kinder beim
gemeinsamen Computerspiel beobachtet hat, kennt die Grenzen
auch des besten Spiels. Unterhalten wird sich im engen Rahmen
des Spiels, Debatten laufen um den Inhalt des Spiels herum, nicht
darüber hinaus. Auch das beste Computerspiel ersetzt nicht das Gespräch, nicht die Auseinandersetzung konventionellen Spielens
ohne mediales Equipment. Bei diesem Spielen in der Gruppe treffen Ansichten aufeinander, das Kind lernt, sich durchzusetzen, zu-
rückzustecken, Grenzen zu akzeptieren, Kompromisse einzugehen.
»Es verschwinden die Phasen, in denen selbstausgedachte und mit
den Mitspielern gemeinsam ausgehandelte Regeln das Spiel bestimmen. Gerade dies war in der Vergangenheit von kaum zu überschät-
zender Bedeutung für die Sozialisation: ... Spiele (sind) ... ein sub-
tiles Ventil, um negative Erfahrungen wie Kränkungen, Ärger,
Demütigungen auf eine neue Ebene zu heben und dabei zu verarbeiten.«[5]

Computerspiele profitieren vom Ehrgeiz des Spielers. Schon die
einfachsten Spiele wie PACMAN, ein zahnbestückter Smiley-Kopf,
der möglichst viele, in Labyrinthen versteckte Punkte »fressen«
muss, motivieren zum Weitermachen. Andere Spiele listen die Top
Ten, die zehn Besten, auf, bieten immer neue Levels mit verkürzten
Spielzeiten, komplizierteren Aufgaben oder verschärften Bedingungen an. Ziel ist es stets, sich selbst oder seinen Mitspieler zu über-
treffen. Eine weitere Kategorie ist die der interaktiven Spiele, Er-
zähl-Spiele, deren Inhalt man durch Erkunden von Personen,
Tieren, Pflanzen, Gegenständen und Landschaften oder auch
durch Hypothesen über mögliche Zusammenhänge erst entwickeln

muss. Das Animierende solcher Spiele liegt darin begründet, dass sie sich durch Erkunden und Nachdenken, teils auch durch Befragen der Spielfiguren über Sprechblasen kognitiv erschließen lassen. Sie basieren auf dem Prinzip Versuch und Irrtum. Wieder andere Spiele unterhalten auf besonders spannende Weise durch Action und aufwendige Animationen, oder sie werden aus Gründen des Sozialprestiges angeschafft, »weil man sie eben einfach haben muss«. Positive und negative Effekte des Computerspiels liegen nahe beieinander. Manche fördern das logische Denken und schärfen den Verstand, offene Fragen systematisch anzugehen, erläutern leicht verständlich komplexe Zusammenhänge und erleichtern so das Lernen. Doch das Lernen am PC birgt auch die Gefahr, ganz einseitig die rationalen Gedankengänge anzukurbeln, logische Strategie-Überlegungen in Gang zu bringen – gefühlsmäßige, soziale und kreative Anteile der Persönlichkeit aber zu verschütten. Mitgefühl bringt ein Computer dem Kind sicher am wenigsten bei.

Schüren »Ballerspiele« Aggressionen?

Die Diskussion, ob aggressive Spielinhalte tatsächlich die Angriffslust bei Kindern anheizen, ist eine alte. Sie erhält immer wieder neue Nahrung durch die verschiedensten Studien. Je nachdem, ob es sich bei den Forschern um Psychologen oder Pädagogen einerseits oder um Kommunikationsforscher, mediennahe Wissenschaftler oder Medienvertreter handelt, wird das Pro oder das Kontra wiederbelebt. Unter dem Titel »Computer Games and Australiens Today« hatten Kevin Durkin und Kate Aisbett eine telefonische Umfrage unter 1300 Personen, darunter ein Großteil Erwachsener, durchgeführt. Nur einige Teilnehmer gaben an, sich mit den Spielfiguren zu identifizieren, offene Aggressionen gab es kaum.[6] Gespielte Gewalt als Transformation der Wirklichkeit, als Karikatur und Paradoxie? Mitnichten, glaubt die andere Seite. Die Bochumer Wissenschaftler Clemens Trudewind und Rita Steckel wollten von Haupt- und Sekundarschülern wissen, wie sie zu Gewaltspielen stehen. Beinahe alle vergnügten sich zwischen fünf und

zehn Stunden pro Woche mit solchen Spielen. Das ständige Gemet-
zel, schlussfolgerten die Forscher, könne durchaus deren Mitgefühl
und Einfühlungsvermögen zugrunde richten – umso mehr, je weniger die Schüler sich in ihren Familien aufgehoben fühlten.[7] Einen
neurologischen Hinweis auf die Richtigkeit der These, die virtuelle
Gewalt verstärke Aggressionen, fand der japanische Wissenschaftler Ryuata Kawashima von der Tohoku University. Er hat nachgewiesen, dass die Tendenz zum Kontrollverlust bei Heranwachsenden
nicht auf aggressive Inhalte von Computerspielen zurückzuführen
ist, sondern auf eine Fehlentwicklung des noch nicht voll entwickel-
ten Gehirns. Kawashima hatte die Gehirnaktivität von Teenagern
verglichen, von denen ein Teil Nintendo spielte, der andere einfache mathematische Aufgaben löste. Überraschend war die Erkenntnis, dass das Lösen der Aufgaben Gehirnbereiche im Frontallappen stimulierte, die mit Lernen, Gedächtnis und Gefühl in
Verbindung gebracht werden. Der Frontallappen, der sich bis zum
20. Lebensjahr weiterentwickelt, spielt auch bei der Selbstkontrolle
eine wichtige Rolle. Je mehr bei Kindern die Entwicklung dieser
Gehirnregion gefördert wird, desto besser ist auch ihre Fähigkeit
zur Selbstkontrolle. Computerspiele fördern diese Art von Gehirn-
entwicklung nicht.

Der Sog, den Computerspiele auf Kinder ausüben, muss nicht
unbedingt am Spiel selbst liegen, sondern verschleiert häufig dahinter liegende Probleme. Psychologen gehen von einem »Hilfeschrei«
der Kinder aus – von Flucht und Rückzug mit Hilfe des Computers.
Ursachen für eine zwanghafte Nutzung des Computers über mehrere Monate können sein:
– Probleme mit Freunden,
– Probleme in der Schule,
– kaltes Familienklima, unbefriedigendes Eltern-Kind-Verhältnis,
– Vorbildfunktion der Eltern, die selbst viel spielen,
– keine Anregung, wie die Freizeit sonst verbracht werden kann.
Einer Studie des psychologischen Instituts der Charité Berlin nach
ist die Zahl derer, die über die Maßen vor dem Bildschirm sitzen,
erschreckend hoch. Die Wissenschaftler hatten 323 Berliner Sechst-
klässler befragt, und nach den Kriterien der Studie sind 9,3 Prozent

abhängig von Spielkonsolen und Computern. Mit dem Begriff »Sucht« gehen die Initiatoren jedoch vorsichtig um. Weil es noch keine offizielle Klassifikation für den übermäßigen Computergebrauch gibt, teilen sie die untersuchten Kinder nur in »exzessiv computerspielende Kinder« und »nicht exzessiv computerspielende Kinder« ein.[8]

Zahlreiche Psychologen beißen sich die Zähne aus an der Computersucht. Der Werdegang der Betroffenen ist immer der gleiche und nur selten durch einen einzigen Faktor wie den Spielwahn gekennzeichnet. Am Anfang steht der Computer, ausgemustert von den Eltern oder zum Geburtstag gekauft, gut gemeint als bester Start in den späteren Beruf. Zu Beginn erklären die Eltern den Umgang mit dem unbekannten Medium, aber schon bald ist der Sprössling ihnen in Handhabung und Bedienung weit voraus. Er wird immer neugieriger, immer aktiver, immer experimentierfreudiger. Er probiert aus, lädt Spiele und Musik herunter, verbringt Stunde um Stunde vor dem Bildschirm. Schließlich ordnet er all seine Tätigkeiten dem Computer unter, Essen und Schlafen inklusive, geht nicht mehr zur Schule, trifft keine Freunde mehr. Eine zweistellige Stundenzahl pro Tag ist die Regel, nicht die Ausnahme.

Bis vor zwei Jahren gab es weltweit kein Therapiekonzept gegen das mediale Laster. Heute kümmert sich eine Institution, das Wichernhaus in Boltenhagen, um computerkranke Kids. Grundlage ist ein praxisnahes Programm der Psychologin Simone Trautsch. Weil die Kinder jedes Gefühl für ihren eigenen Körper und ihre Umwelt verloren haben, müht sie sich, sie wieder ins Leben zurückzuholen: eine Theater-AG, ein Koch- und Ernährungskurs gehören ebenso dazu wie Wassertreten, ein Fühlpfad und ein Therapiegarten. Nicht einmal Videospiele sind ganz verboten; wer einen Gameboy mitgebracht hat, darf eine halbe Stunde pro Tag damit spielen. Die Kinder sollen einen gesunden Umgang mit dem PC lernen.[9]

Ein Katzenexperiment bringt Klarheit

Die Erkenntnis, wie wichtig die aktive Komponente beim Erleben der eigenen Umwelt ist, haben Forscher am Massachusetts Institute of Technology (MIT) in einem frühen Versuch gewonnen. Sie setzten zwei Kätzchen in ein Karussell: Das eine bewegte das Karussell vorwärts, indem es lief, das andere dagegen hatte keine Pfote am Boden und wurde passiv in einer Gondel vorwärts bewegt. Beide Tiere sahen also das Gleiche, ihre kognitive Leistungsfähigkeit unterschied sich aber enorm. Während sich das aktive Kätzchen normal entwickelte, wies das passive schwere Störungen in seiner visuell-mototischen Synchronisation auf.[10] Solche Störungen äußern sich beispielsweise darin, dass das Tier ein Wollknäuel nicht fangen oder einem Gegenstand nicht folgen kann, obwohl es korrekt sieht und keine körperlichen Behinderungen aufweist.[11]

Es liegt in der Natur der Sache, dass durch audiovisuelle Medien Auge und Ohr gefordert werden, andere Sinne dagegen weniger, einseitig oder überhaupt nicht. Nutzen die Kinder Computer & Co stundenlang, kann sie das in ihrer natürlichen Entwicklung behindern. Kinderärzte und Pädagogen kennen das Problem, denn visuell-motorische Störungen kommen bei Kindern immer häufiger vor. Visuell-motorische Fähigkeiten sind eine wichtige Voraussetzung für das Lesen- und Schreibenlernen. Die visuelle Wahrnehmung ist der Input, die zentrale Verarbeitung im Gehirn und die motorische Ausführung der Output. Visuell-motorisch gestörte Kinder haben zum Beispiel Schwierigkeiten, sich die Schuhe zuzubinden, die Knöpfe der Jacke richtig zu schließen, ein Bild zu zeichnen. Sie können nur schlecht erkennen, ob sich eine Figur im Hintergrund oder im Vordergrund befindet und in welchem Verhältnis sie zu anderen Gegenständen steht wie oben oder unten, rechts oder links. Störungen in Wahrnehmung und Motorik gelten als entscheidende Voraussetzungen für den verzögerten Beginn von Lernprozessen über Raum und Zeit, Aktion und Kausalität.

Kinder, die zu Hause viel fernsehen und oft vor dem Computer sitzen, schalten in der Schule schneller ab, weil ihre Aufmerksamkeit ständig unterfordert wird. Die Schule kann ihnen nicht bieten, was sie gewöhnt sind: schnelle Schnitte, rasche Wechsel von akustischen und visuellen Reizen. Den Ausführungen des Lehrers zu folgen oder sich auf eine im Vergleich zum Computerspiel langatmige Lösung einer Aufgabe einlassen zu müssen, langweilt sie. Die Langeweile wiederum setzt die Frustrationsgrenze herab – aus dem Frust wird Stress, aus dem Stress Qual. Je nach Mentalität und Laune beginnt das Kind das zu sabotieren, was es nervt: indem es seine Mitschüler stört, sich anderweitig beschäftigt oder dazwischenfunkt, herausfordert oder den Clown spielt.

Daneben leiden die medialen Dauerkonsumenten unter allerlei Zipperlein, die sich zu regelrechten Krankheiten auswachsen können. Bewegungsmangel, Muskel- und Haltungsschäden mit Rücken- und Kopfschmerzen, Albträume und gestörter Schlaf-Wach-Rhythmus, Hyperaktivität, Wahrnehmungs- und Koordinationsstörungen und Übergewicht als manifeste Symptome lassen die Frage aufkommen: Sind unsere Kinder heute schon zu krank für ein sorgenfreies Morgen?

Gruppenspiel: zwischen Sozialisation und Aggression

Das Spielen in der Gruppe ist ein wichtiges Instrument für Kinder, um die Realität zu erproben. Durch das Spiel loten sie die Grenzen ihrer Lebenswelt aus, können sie überschreiten, ohne Konsequenzen fürchten zu müssen. Schritt für Schritt eignen sie sich ein Verhaltensrepertoire an, auf das sie später, im »wahren Leben«, zurückgreifen können. Das ist vor allem dann der Fall, wenn sie zusammen mit anderen Kindern spielen. In der Gruppe lernt das Kind zu kommunizieren und nonverbale Verständigungsmechanismen und Ausdrucksmöglichkeiten zu analysieren und selbst einzusetzen. Nur in der Gruppe kann es Toleranz üben, Mitgefühl zum Ausdruck bringen und Konflikte austragen lernen. Gleichaltrige sind ihm in Status, Intelligenz und Vorwissen gleichgestellt. Das hat den entscheidenden Vorteil, dass Probleme auf einer Ebene gelöst werden können: Kein Kind hat die Auto-

rität inne, eine Entscheidung zu treffen; herrscht Uneinigkeit beispielsweise über eine Spielregel, bekommen die Kinder die Lösung nicht von außen »serviert«, sondern müssen sich darüber
verständigen. Die unterschiedlichen Sichtweisen der anderen for-
ciert das Nachdenken über die eigene Meinung, fordert aber auch
heraus, gute Argumente zu finden, um diese zu verteidigen und
womöglich sogar durchzusetzen.

Erfolgserlebnisse in der Gruppe sind von enormer Bedeutung
für die Feinabstimmung der neuronalen Schaltpläne. Sie wirken
bis ins Erwachsenenalter nach, sorgen für die dauerhafte Fest-
legung der Botschaft »Nachdenken – Dabeisein – Erfolg – Freude«,
denn jeder Lernvorgang, auch der soziale, führt im Gehirn zur
Ausschüttung spezifischer Hormone, körpereigener »Glücksdro-
gen« sozusagen. In das Bewusstsein treten dann solche Gefühle
wie Zufriedenheit, Wohlbehagen und Gelassenheit. Ein Kind, das
»dazugehört«, strahlt Selbstvertrauen aus und gewinnt an Autonomie.

Jedoch: Entspricht dieses Idealbild noch der Wirklichkeit? Leider
nein. In den vergangenen Jahren ist es zunehmend verblasst, denn
die heutige Kindheit ist durch eine bislang einzigartige Separierung
und Vereinzelung gekennzeichnet, durch den Verlust an kindlichen
Lebensräumen, eine Wandlung der Wohnverhältnisse und nicht zuletzt durch eine starke Kommerzialisierung. Die Tendenz zur Ein-
Kind-Familie hält an und verstärkt sich noch, dadurch fällt der Aus-
tausch zwischen den Geschwistern weg. Nicht immer kann der
Kindergarten die sozialen und Entwicklungsdefizite der ersten drei
Jahre wettmachen – sei es, weil das Kind auch weiterhin zu Hause
betreut wird oder weil andere Faktoren wie Gruppengröße oder
verschiedene pädagogische Konzepte dem entgegenstehen. Zudem
ist der Alltag der Kinder häufig zerpflückt in Einzelaktivitäten, feste
und dauerhafte Beziehungen sind die Ausnahme. Hinzu kommen
viele negative konsuminduzierte Effekte, die den natürlichen Umgang der Kinder miteinander und im Spiel auf Materialschlachten
reduzieren. Heute gilt das Motto: Nur wer besitzt, gehört dazu.

Gruppenkrach macht sozial

Zum Lernen in der Gruppe zählt jedoch nicht nur Harmonie, sondern auch das häufig von Eltern und Erziehern aus Gründen der Tabuisierung von Gewalt unterbundene spielerische Ringen und Raufen, das den Kindern notwendige Erkenntnisse über (spätere) körperliche Auseinandersetzungen nahe bringt. Die Kinder profitieren davon, üben sie dabei doch den Unterschied zwischen Distanz und Nähe, entdecken ihre eigene Körperlichkeit und die der anderen und bauen allmählich Achtung vor ihrem Gegenüber auf. Das Gewaltpotenzial eines Kindes zu verstehen und zu beherrschen, seine Aggressivität in sozialkonforme Bahnen zu lenken, läuft letztlich darauf hinaus, etwas ganz Natürliches zu begreifen. Kinder, die niemals Gelegenheit hatten, Aggressionen mit anderen Kindern auszutauschen, haben im Erwachsenenalter Probleme mit der Selbstbehauptung.[12]

Nicht gemeint sind hier aggressive Schlägereien, die meist von Stärkeren gegen Schwächere angezettelt und schließlich auch gewonnen werden. Kindliche Handgreiflichkeiten können Erwachsene selten genug richtig einschätzen. Oft reagieren sie auf zweierlei extreme Weise: Entweder sie schauen weg, auch wenn es sich um ernsthafte Prügeleien handelt (»Wolfsgesetz«), oder sie unterbinden die Balgerei sofort, auch wenn es sich um eine spielerische handelt. Vor allem wenn Mädchen involviert sind, werden Erwachsene aktiv. Sie urteilen geschlechtsspezifisch, und noch heute ist die Meinung anzutreffen, Mädchen seien von Natur aus »zu vernünftig« oder »zu zart besaitet«, um ihre Ellenbogen einsetzen zu können oder körperlichen Widerstand auszuhalten.[13] Fachleute wie der Hannoveraner Sportwissenschaftler Gunter A. Pilz, der auch für die Bundesregierung als Gutachter zu Gewaltthemen tätig ist, fordert daher ein Umdenken und ein frühzeitiges Einbeziehen der Mädchen in die Gewaltprävention, denn solange sie durch männliche Gewalt bedroht seien, sollten sie als »unerlässliche Überlebensstrategie« auch kämpferische Kompetenzen ausbilden können:

»Gewaltbereitschaft und Gewalttätigkeit von Mädchen ... dürfen nicht als bloße Nachahmung eines männlichen Habitus interpretiert werden, sondern sie sind ... als integrierte Bestandteile von Weiblichkeitskonstruktionen zu verstehen, in denen sich der Wunsch nach Anerkennung, Durchsetzungsfähigkeit und Macht ausdrückt und die auf die Notwendigkeit einer geschlechterdifferenzierenden Gewaltprävention hinweisen. Gewaltprävention ... muss somit auch das Verhalten von Mädchen einbeziehen, und ein geschlechtersensibler und von gängigen Geschlechterstereotypen unabhängiger Blick für eine erfolgreiche Gewaltprävention ... ist unerlässlich.«[14]

Der Sieg ist das Ziel – Gewaltspielzeug und seine Folgen

Zunehmende Gewalt in der Kinderwelt macht es Erwachsenen nicht leicht zu entscheiden, wann es Zeit ist einzugreifen und wann nicht. Medien und Spielwarenindustrie tun ihr Übriges, um die Grenzen zwischen »es ist noch in Ordnung« und »jetzt reicht es« zu verwischen. Gewaltspielzeug und Kämpferisches liegt voll im Trend. Jährlich wandern allein Spielzeugwaffen für rund 15 Millionen Euro über den Ladentisch. Nicht mitgezählt sind dabei Spielsachen, die vom Hersteller bewusst kriegerisch gestaltet sind und Spielhandlungen auslösen, deren Mittelpunkt gewaltsame Auseinandersetzungen gegen einen »Feind« sind.

Sicher, einem Kind, das mit Gewaltspielzeug spielt, steht keine Karriere als Waffennarr bevor – ebenso wenig, wie aus ihm ein Pazifist wird, wenn es niemals einen Action Man oder einen Power Ranger gegeneinander gehetzt hat. Gewaltspielzeug macht ebenso wenig per se aggressiv, wie Verzicht darauf friedliebend macht. Auf die Formel »Gewaltspielzeug – gewalttätiges Kind« lässt sich die Wirkung des umstrittenen Spielzeugs daher nicht herunterbrechen. Menschliches Verhalten ist multifaktoriell bedingt, vieles spielt hinein. Und dennoch: Gewaltspielzeug verherrlicht die Diktatur der Faust auf eine subtile, kindersensible Weise und besitzt ein hohes Antriebspotenzial, indem es zum Nachspie-

len tätlicher Auseinandersetzungen auffordert. Mit der Bezeich-
nung »Actionfiguren« verbrämt, transportieren die Hersteller Botschaften, die erzkonservative und militaristische Werte vermitteln. Auf satten Nährboden treffen solche Botschaften dann,
wenn das Kind schon frühe Erfahrungen mit Gewalt oder Unter-
drückung gemacht hat, wenn es häufig mit seinen Ängsten und
Sorgen allein gelassen wurde, wenn es keine feste Beziehung zu
anderen aufbauen konnte und vor allem dann, wenn seine Umwelt vermehrt Konflikte durch Ausübung von Macht, Strafe und
Einengung austrägt. Kinder, die in einem feindlichen oder desinteressierten Elternhaus aufwachsen müssen, werden in Gewaltspielzeug ein Modell für gewalttätiges Verhalten finden. Dabei
sind es weniger derart karikierte Figuren als cholerische Väter
oder verzweifelt prügelnde Mütter, die sich als Puzzleteile in das
Gesamtbild im Kopf jener Kinder einpassen. Es sind die schmer-
zenden Alltäglichkeiten, die Kinder in Richtung »Kampf und
Sieg« trimmen: allein gelassen in überfüllten Kinderzimmern,
stundenlang vor dem Fernseher oder Computer, keine Gespräche
über Sorgen, Nöte und Erlebtes, krasse Hierarchieebenen, keine
gemeinschaftlichen Tagesrhythmen, respektloser Umgang der Eltern miteinander, sarkastische und demütigende Behandlung
durch Vater oder Mutter, viel Streit und Tadel, wenig Versöh-
nung, kaum Lob, viel Konsum, wenig Phantasie und Kreativität.
Nicht alles muss zutreffen, weniges genügt, um den Teufelskreis
aus mangelhaftem elterlichen Erziehungsstil, Trotzreaktion und
neuerlicher Strafe in Gang zu setzen. Wenn Kinder ihren Alltag
darin wiedererkennen, wirkt die Beschäftigung mit Gewaltspielzeug als Verstärker. Sie bauen auf Gewalt als Mittel zum Zweck;
dieses Vertrauen wird den Grundstein für ihr späteres Politik-
und Gesellschaftsverständnis legen. Aggressives Spielzeug erzeugt
zwar nicht Ideologie, aber es trägt und transportiert den Bazillus.

Der Einfluss von Action-Spielzeug auf die Kinderseele

Die Industrie gibt sich naiv, wenn sie behauptet, lediglich vorhandene Bedürfnisse zu befriedigen. Sie verleugnet, dass sie immer wieder neue schafft – und das mit ungeheurem Aufwand und Etat. Dank interner Analysen weiß sie genau, wie der Markt funktioniert und wie Kinder ticken. Es gibt nur wenige nichtkommerzielle Studien, die sich mit der Macht umstrittenen Spielzeugs beschäftigen, wohl auch, weil es so schwierig ist, Kinder unter Ausschluss aller anderen Einflüsse zu halten. Anfang der 1990er Jahre stellte das Psychologische Institut der Universität Wien eine Untersuchung an, deren Ergebnisse für sich sprechen. Sie sollte klären, ob das Spielen mit den »Masters of the Universe« Auswirkungen auf das Verhalten in anderen Spielsituationen hat. Dazu wurden zwei Gruppen fünf- und sechsjähriger Kindergartenkinder gebildet; die eine kannte und spielte die Actionfiguren zu Hause, die andere wusste nichts über sie. Anschließende Beobachtungen beim freien Spiel mit »neutralem« Spielmaterial wie Holzkegeln, Tüchern oder Papprollen ergaben, dass die Masters-Kinder deutlich mehr hinterhältige und weniger helfende Spielaktivitäten als die Kinder der Vergleichsgruppe zeigten.

Andere Publikationen wollen glauben machen, Action-, Kriegs- und anderes Gewaltspielzeug löse bei Kindern eine Art Katharsis aus und sei deshalb unentbehrlich für eine normale Entwicklung, fungiere es doch als Ventil für aufgestaute Aggressionen, für nicht verarbeitete negative Gefühle wie Rache, diffuse und konkrete Angst, Gewalt-, Willkür- und Ohnmachtserfahrungen. Eine Pauschalisierung, die darüber hinwegtäuscht, dass Kinder jeder Generation mit »Wut im Bauch« leben und umgehen lernen mussten. In Ermangelung industriell hergestellter Monsterfiguren waren und sind Kinder bis heute fähig, böse und gute Gestalten ohne fremde Hilfe zu erfinden, indem sie vorhandenes Spielzeug nutzen oder aus Einzelteilen Neues erschaffen. Die Pufferfunktion bleibt die gleiche – mit dem Unterschied, dass die Aufrüstung der Kinder mit (überteuertem) vorgefertigtem Gewaltspielzeug entfällt und sie ihre Kreativität nutzen, um eine Märchenwelt mit eigenen Gesetzen entstehen zu lassen. Hier kann das Kind seine Allmachtsgefühle ausleben, ohne die von Industrie und Medien vorgegebenen nachahmen zu müssen. Denn die bis ins Detail ausgearbeiteten multimedialen Standardfiguren lassen kaum mehr Raum für das »Kino im Kopf«. Mit dem Reiz des Perfekten und Bunten verschütten sie das Unbewusste, liefern konfektionierte, vorgefertigte Symbole. Spielen ist auf Schwarz und Weiß, auf Fausthiebe und Waffeneinsatz, Sieg und Niederlage beschränkt, eine Wandlung der Spielfiguren ist schon wegen ihres Outfits ausgeschlossen. Die kindlich-bunte Erfindungsgabe vertrocknet.

Jungen in der Männerfalle

Von den Herstellern als Jungenspielzeug vermarktet und von den Eltern als solches akzeptiert und gekauft, vermittelt Gewaltspielzeug überdies männlich-konservative Werte, die so recht nicht mehr in unsere Zeit passen wollen. Es erzieht Jungen zur Identifizierung mit einem Männerbild, das physische Stärke, Härte gegen sich und andere, Rücksichtslosigkeit, Verachtung von Schwächen und Furchtlosigkeit impliziert und nicht zuletzt gekennzeichnet ist durch ein selbstherrliches Überlegenheitsgefühl Mädchen gegenüber. In seiner Vehemenz noch intensiviert durch Kino und Fernsehen, Comics und Werbung festigt Gewaltspielzeug Rollenstereotype: Männer sind die Handelnden und Aktiven, Frauen duldsame, passive Objekte. Sowohl Erwachsene als auch Gleichaltrige üben eine immens starke Kontrolle in Bezug auf die Übernahme dieses Männerbildes aus. Verweigern oder distanzieren sich Jungen davon, müssen sie mit Ausgrenzung, Isolation und Aggression rechnen – ihre »Männlichkeit« wird ihnen aberkannt.[15]

Stellt sich hier nicht die Frage, warum es ausgerechnet Jungen sind, die den Löwenanteil der Kinder stellen, die angriffslustig und streitsüchtig sind, Lernschwierigkeiten und Probleme haben, sich in die Gruppe einzugliedern? In Erziehungs- und Familienbera-

tungsstellen, in Praxen niedergelassener Kinder- und Jugendpsy-
chotherapeuten und in Einrichtungen der Jugendhilfe sind Jungen
deutlich überrepräsentiert. Bis zu 80 Prozent beträgt ihr Anteil in
Sonderschulen für verhaltensauffällige Kinder. Wer meint, soziale
Schwierigkeiten oder der Hang zum Widerstand lägen allein im
männlichen Genotyp begründet, macht es sich zu leicht. Wenn
auch hormonelle Veränderungen und die Hirnentwicklung bei Jungen und Mädchen anders verlaufen mögen, die Genetik allein kann
die enormen Unterschiede nicht erklären. Bis heute haben schon
Vierjährige Angst, nicht als »richtige« Jungen angesehen zu werden,
und nach wie vor stellen Eltern, Erzieher und Lehrer an männliche
Kinder andere Erwartungen als an weibliche. Wie oft geschieht es,
dass ein Junge Trost wegen seiner blutenden Nase sucht und den
Spruch »Ein Indianer kennt keinen Schmerz« zu hören bekommt?
Selbst Eltern, die nicht den Anschein erwecken, sie favorisierten al-
tertümliche Erziehungsmethoden, reagieren so, weil sie, tagtäglich
indoktriniert durch Werbung und Medien, das Leitbild vom starken Mann verinnerlicht haben. Sie haben ebenso gut wie andere
Erwachsene Schwierigkeiten, mit »untypischen« Jungen umzuge-
hen, und besonders Väter sind beunruhigt, wenn ihre Söhne eben
nicht draufgängerisch und selbstsicher auftreten, sondern hilfebe-
dürftig und sensibel sind, sich ängstlich und anhänglich zeigen.
Kleinste Anlässe – wie die gegen ein jüngeres Kind verlorene Kabbe-
lei um eine Schaufel im Sandkasten – lassen sie um die Zukunft
ihrer Söhne und deren Fähigkeit fürchten, in der harten Männer-
welt »ihren Mann stehen« zu können. Was Wunder, wenn ein kleiner Junge die Kluft zwischen seinen Bedürfnissen und den äußeren
Ansprüchen als bedrohlich und unüberbrückbar empfindet. Er soll
sein (und er will sein), wie er nicht ist, soll seine »weichen« – in den
Augen seiner Umwelt »weiblichen« – Seiten ablegen, die Attribute
eines Batman, Power Ranger oder Action Man übernehmen. »Jungen sind stark, Mädchen sind Quark«, hallt der Schlachtruf Vierjäh-
riger im Kindergarten. Schon die Jüngsten haben Angst davor, ihre
Sensibilität stehe ihnen auf die Stirnen geschrieben, Angst davor,
ihre Gefühle zu äußern, als Versager zu gelten. Angst wiederum ist
ein weiteres männliches Tabu, und Jungen kompensieren sie auf

Grund ihrer geschlechtsspezifischen Identität mit Aggression und Gewalt. Sie sind lieber gewalttätig als unmännlich, instrumentalisieren ihren Körper als Waffe und empfinden das Schlagen nicht nur als Befreiung, sondern sogar als lustbringend.

Der »kleine Mann« wird nicht nur durch seine Eltern sozialisiert. Kino, Fernsehen, Zeitschriften, Werbung, Actionfiguren – sie alle thematisieren die »wilden Kerle«, kecke, tollkühne, furchtlose, verwegene Burschen, die alles im Griff haben oder bekommen, die die Talsohlen des Lebens durchschreiten, um die Gipfel zu erstürmen. Die Zügel sitzen locker, und das Fernsehen steuert bei, was die Eltern nicht verbieten. Die Pokémons, der Quotenhit auf RTL 2, präsentieren ein Heer an Gestalten, deren einziger Lebenszweck es ist, durch brutale Kämpfe »eine höhere Entwicklungsstufe zu erreichen«. »In der Reihe »Dragon Balls« werden kleine Kinder zu Trainingszwecken verprügelt, damit sie lernen, »ihren Geist völlig leer werden zu lassen« – östliche Vulgärphilosophie«, schreibt *Die Zeit* treffend.[16]

Weil Jungen als individuelle Wesen selten in die Gussform des starken Mannes passen, scheitern nicht wenige als Erwachsene schon an gewöhnlichen zwischenmenschlichen Beziehungen.[17] Sie fürchten, Schwäche zu zeigen und die Kontrolle zu verlieren. Daher fühlen sie sich dort am wohlsten und sichersten, wo das Terrain bekannt und das Risiko kalkulierbar ist: im Job, im Sport, in der Männerclique.

Darauf zu hoffen, dass Eltern dem massiven Druck von außen standhalten und auch Jungen eine individuelle Entfaltung ohne Zwang zugestehen, ist wohl illusorisch. Denn bereits Dreijährige entwickeln unter der Macht von Medien und eingetakteter Spielkameraden eine Zähigkeit beim Einkauf, die stark genug ist, auf Dauer auch skeptische Eltern in die Knie zu zwingen. Das jedenfalls scheinen die Umsatzzahlen der Unternehmen zu belegen. Mattel beispielsweise konnte Mitte der 1980er Jahre mit seinen Actionfiguren aus »Masters of the Universe« einen Umsatz von 400 Millionen Dollar verbuchen. Das US-Wirtschaftsmagazin Forbes errechnete für das Jahr 2002 die weltweiten Umsätze der Top-Lizenzcharaktere: Allein die zehn ertragreichsten Lizenzen brachten den Unternehmen insgesamt

23 Milliarden Dollar ein, darunter Star Wars. Für Spielwarenhersteller sind faszinierte Dreikäsehochs wertvolle Kunden. Wer jetzt nicht den Anschluss verpasst und den Hebel ansetzt, hat gute Chancen, den Ball ins Rollen zu bringen und den Kundenstamm von morgen heranzuzüchten. Denn im »Trotzalter« erwacht nicht nur der eigene Konsumwillen, sondern auch die Sammelleidenschaft. Was liegt da näher, als die sonst üblichen Stöckchen, Steine, Muscheln oder Federn durch Handfestes für viel Geld zu ersetzen. Große Spielzeughersteller wie Mattel, Hasbro oder Lego generieren stolze Gewinne mit stark beworbenen, in Plastik gegossenen Filmhelden. Obwohl beispielsweise der Streifen »Die Rache der Sith« als Einziger der sechs »Star Wars«-Filme in den USA eine Altersbeschränkung von 13 Jahren hat, hat Regisseur George Lucas Lizenzen an Hasbro und Lego vergeben. Unter zehn werden die Käufer sein, einige der Fanartikel hat Hasbro sogar für Dreijährige im Programm. Auch Lebensmittelhersteller und Fastfood-Ketten haben aufgesattelt. Einer der größten Lizenznehmer ist Burger King. Auch der Süßwarenhersteller von M&M, Mars (Masterfoods GmbH, Verden), bietet Star-Wars-Motive an. Will ein Kind die Serie komplett sammeln, müsste es 23 Kilogramm davon essen – das sind 20 Kilogramm Zucker. Nie zuvor habe das Unternehmen Lucasfilm die Verwendung seiner weltbekannten Figuren für eine so große Zahl unterschiedlicher Produkte gleichzeitig genehmigt, sagte Lucasfilm-Mitarbeiter Howard Roffman dem Blatt »The Hollywood Reporter«. Seit den 1970er Jahren wurden insgesamt rund 9 Milliarden Dollar mit Merchandising-Produkten umgesetzt, mit den Filmen allein nur 3,5 Milliarden.[18]

Unter dem Gesichtspunkt der kindlichen Entwicklungsphasen wiegt der Verstärkereffekt von Kriegsspielzeug schwer, denn körperliche Auseinandersetzungen kommen bei Drei- bis Vierjährigen in der Regel häufiger vor als bei älteren Kindern. Kinder dieser Altersstufe erwerben erst allmählich die Fähigkeit, vom eigenen Standpunkt und eigenen Wünschen und Bedürfnissen abzusehen, sie aufzuschieben oder sich in andere hineinzuversetzen. Insbesondere dann, wenn der Junge ausschließlich auf Gewalt- und Actionspielzeug zurückgreifen kann und keine oder nur sehr wenige andere Impulse erhält, womöglich noch in einer feindlichen Lebenswelt aufwächst, gilt »Die Dosis macht das Gift«. Ebenfalls zwischen dem dritten und dem sechsten Lebensjahr beginnt sich allmählich ein moralisches Bewusstsein auszubilden. Das Kind ist empfänglich für eindeutige Kategorien wie Gut und Böse, richtig oder falsch, es erlernt Einstellungen und Haltungen. »Gutes« Verhalten ist dasjenige, das gefällt, gelobt und unterstützt wird. Erfährt der Junge Aufmerksamkeit, Bestätigung und Beifall für sein kämpferisches Spiel – mit Worten, Gesten oder mit immer mehr Spielzeug gleicher Machart –, liegt es nahe anzunehmen, dass das nicht ohne Einfluss auf ihn bleiben kann.

Action Man will Abenteuer

Die Lesekompetenz der Jungen ist miserabel, sie haben zunehmend Schwierigkeiten in Schule und Ausbildung. So sinkt der Anteil an Abiturienten ständig, immer mehr Jungen stellen Hauptschulabsolventen. Jungen haben einen Anteil an Sonderschülern von 64 Prozent, unter den Legasthenikern sind 80 Prozent, unter den Schulabbrechern 65 Prozent und unter den Sitzenbleibern 60 Prozent Jungen. Von den Jugendlichen, die 2002 die Schule mit einer Fachhochschul- oder Hochschulreife verließen, waren nur 46 Prozent Jungen. Mädchen durchlaufen die Schule heute schneller als Jungen und erzielen die anspruchsvolleren Abschlüsse.[19]

Nicht alle Jungen sind benachteiligt, in erster Linie sind Jungen aus bildungsfernen Schichten und Migrantenfamilien betroffen. Bildung wird nach wie vor vererbt, sagen die Statistiker: Von den Eltern, die selbst nur einen Haupt-(Volks-)Schulabschluss haben, besuchten 2002 nur 21 Prozent der Kindr die gymnasiale Oberstufe; Kinder, deren Eltern selbst ein Abitur erworben hatten, zu fast zwei Drittel ein Gymnasium. Offensichtlich hat Schulversagen neben einem schulischen auch einen milieuspezifischen und jugendkulturellen Hintergrund.[20]

Auch in der Schule haben es Jungen schwer, positiv besetzte männliche Vorbilder zu finden. Fachleute kritisieren seit langem die »Feminisierung« des Lernens und Lebens. Zu Hause ist der Vater selten verfügbar, er entzieht sich dem Familienleben durch Arbeit und ist häufig nur für den Spaßfaktor am Wochenende zuständig, während die Mutter sich mehr Zeit nimmt, den Alltag mit dem Kind zu meistern versucht, Gespräche führt, soziale Kompetenzen lehrt, Kontakte knüpft. Auch im Kindergarten und später in der Grundschule treten dem Jungen vornehmlich Frauen gegenüber. 85 Prozent aller Grundschullehrer sind Frauen. Es scheint, als sähen sich vor allem Frauen berufen, Schülern in jungen Jahren Geborgenheit zu schenken, während Männer in späteren Schuljahren Fachwissen vermitteln und Leistungsansprüche durchsetzen. Auf Grund ihrer Sozialisation erachten es viele Jungen als ihrer unwürdig, Berufe zu ergreifen, die Erziehungsarbeit einschließen. Kaum ein Mann hat Ambitionen, sich mit häufig greinenden, quirligen und emotional schutzbedürftigen Kindern zu befassen. Und so wird es auch in Zukunft an Vorbildern für Jungen mangeln. Diese schaffen sie sich dank unerschöpflichen Nachschubs aus Spielzeugregalen und Medien selbst: In ihrer Kinderzeit suchen sie ihr Heil im Action-Man-Fieber, in der Jugend im Machismo.

Männliche Aggression als Tugend

Seit Jahren warnen Kritiker wie Professor Christian Pfeiffer vom Kriminologischen Forschungsinstitut Niedersachsen vor einem Zuviel an Fernseh-, Video-, Computer- und Internetkonsum. Die Tatsache, dass die Schulleistung von Jungen in Deutschland seit den 1990er Jahren massiv nachgelassen hat, stärkt die These von der Medienverwahrlosung. Immerhin soll ein Großteil der Jungen bis zu vier Stunden täglich Filme und Computerspiele mit emotional belastenden Gewaltszenen konsumieren. Grund für die Volkswagenstiftung, eine Studie in Auftrag zu geben, in die neben dem Kriminologischen Institut unter anderem das Institut für Journalistik an der Hochschule für Musik und Theater Hannover, die Klinik für Neurologie II der Universität Magdeburg und das Berliner Max-Planck-Institut für Bildungsforschung involviert sind. Die Studie wurde Ende 2004 bewilligt, ist auf eine Laufzeit von drei Jah-

ren angelegt und umfasst experimentelle neurobiologische und ge-
dächtnispsychologische Studien, die erstmals systematisch Zusammenhänge zwischen dem Konsum gewalthaltiger Medienangebote
und Lernleistungen klären sollen.

Während Mädchen erst als Frauen unter psychischen Erkrankungen leiden, treten entsprechende Störungen bei Jungen vermehrt im Kindes- und Jugendalter auf. Nonkonformität bei Jungen
gilt gesellschaftlich als Tugend, nicht als Makel. Es verwundert daher kaum, dass ein Teil der Jungen die Grenzen nach oben ausreizt
und häufig überschreitet. Extrem verhaltensauffälliges Gebaren zeigen Jungen wesentlich öfter als Mädchen, zum Beispiel:

– Sie handeln gegen die Gemeinschaft, verletzen andere Kinder,
  zerstören Gegenstände.
– Sie sind nicht integrationswillig, verweigern sich Spielen und al-
  tersgerechten Anforderungen.
– Sie matschen beim Essen übermäßig.
– Sie haben kommunikative Schwierigkeiten, können ihre Gefühle
  und Gedanken nicht ausdrücken, sich nicht verständlich machen.
– Sie zeigen große Schwächen beim Aufbau und bei der Aufrecht-
  erhaltung sozialer Kontakte.

Antisoziales Verhalten gilt mittlerweile als unumstrittener Risikofaktor für späteres delinquentes Verhalten. Manche Jungen norma-
lisieren sich, andere werden zu Tätern. Warum das so ist, kann die
Wissenschaft bislang nicht erklären. Andererseits zeigen einige Jungen ein riskantes Gesundheitsverhalten, nicht nur, weil sie sich ähnlich ihren Vätern zu wenig um ihre Gesundheit kümmern: Ihr Interesse am eigenen Körper erschöpft sich am Leistungszuwachs, an
der Fitness, die es braucht, um in Beruf und Privatleben »seinen
Mann zu stehen«. »Männlichkeit« gilt gemeinhin als gesundheitli-
cher Risikofaktor, um sie zu beweisen, bedarf es Mutproben u. a.
im Verkehr und Sport oder reichlichen Alkoholkonsums.

Was eher unauffällig beginnt, kann in Krankheit enden. Im Kindesalter quälen Aufmerksamkeitsdefizit- und Hyperaktivitätsstö-
rungen vermehrt Jungen. Von autistischen Symptomen wie der Un-
fähigkeit, Kontakt zu anderen Menschen aufzunehmen, die Mimik

und Körpersprache des Gegenübers zu interpretieren, dem ver-
mehrten Interesse an Dingen statt an Personen, sind dreimal mehr
Jungen betroffen als Mädchen. Es gibt viele Untersuchungen über
die physiologischen Unterschiede im Gehirnaufbau zwischen Jungen und Mädchen oder hormonelle Unterschiede, nicht aber, warum sich psychische Störungen bei Jungen und Mädchen so unterschiedlich entwickeln.

Von kleinen Technikern und Pflegerinnen

Wildheit oder Sensibilität, Stärke oder Zurückhaltung, Verstand
oder Herz – das typische Bild eines Mädchens oder eines Jungen ist
das von der Gesellschaft bestimmte. Spätestens wenn die Heb-
amme bei der Geburt das Geschlecht des Kindes verkündet, stößt
sie damit eine Kaskade von Wünschen und Vorstellungen in den
Köpfen der frisch gebackenen Eltern an. Wird das Mädchen eine
zweite Claudia Schiffer, eine Mutter Theresa oder eine Demi
Moore? Ob der Junge sich wohl zum Arnold Schwarzenegger mau-
sert, ein Computercrack wie Bill Gates wird oder in die Fußstapfen
von Michael Schumacher tritt? Das Geschlecht »weiblich« oder
»männlich« hat für das Neugeborene erhebliche Konsequenzen,
denn die Klassifikation »weiblich« oder »männlich« begleitet es
vom ersten Tag bis zum letzten Tag seines Lebens.

Es gibt eine Vielzahl von Untersuchungen darüber, wie Kinder
»ihr« Geschlecht annehmen und sich mit ihm identifizieren, aber keine konnte den polarisierten Streit beheben: Wird einem Kind seine
Rolle von außen aufgezwungen? Oder wächst es nur in diejenige hinein, die ihm am besten passt? »Jedenfalls dürfte die Erklärung für die
Geschlechtsunterschiede komplexere Mechanismen erfordern als
das einfache Vorhandensein eines XY- oder XX-Chromosomen-
Paars oder eines protektiven Gens auf dem X- oder Y-Chromo-
som.«[21]

Fakt ist, dass bereits Kleinkinder im Alter zwischen zwei und drei
Jahren sich selbst und andere korrekt als Junge oder Mädchen einstufen können. Sie beziehen sich dabei nicht auf Geschlechtsmerk-

male wie Penis oder Scheide, sondern auf Kleidung und Verhaltens-weisen. Ändert sich der eine oder andere Faktor, halten sie das Mädchen, das den Hänsel spielt, plötzlich für einen Jungen und den Jungen, der sich als Prinzessin verkleidet, für ein Mädchen. Dass Kinder mit etwa drei Jahren eine Geschlechtsidentität ausbilden, werten Forscher als deutlichen Hinweis darauf, dass die kognitive Komponente eine wichtige Rolle für die Entstehung der Geschlechtertrennung spielt.

Von Geburt an definieren Eltern und Erzieher, wie ein Junge zu sein hat und was sie von einem Mädchen erwarten. Die Rolle, die das Kind später als Erwachsener innehat, ja sogar, woran es sich orientiert, wie es seine Ziele steckt und wo es sich selbst sehen will, ist davon abhängig. In kleinen, aber markanten Schritten werden Mädchen und Jungen auf ihre typischen Geschlechterrollen vorbereitet. Das weibliche Baby wird in Rosa und Rüschen gehüllt, das männliche Baby in himmelblaue, mit Autoapplikationen verzierte Strampler. Geschlechtsneutrale Kleidung ist nicht en vogue. Auch wählen Eltern, Großeltern und Freunde geschlechtsspezifisches Spielzeug, kaum dass der Sprössling richtig greifen kann: Der kasernierte Kinderwagen ist die Regel, nicht die Ausnahme; hier beginnt die Gesellschaft, ihren Nachwuchs auf Stereotype zu drillen. Komplexe Verhaltensweisen – wie eben das geschlechtstypische – sind nicht zuletzt auf die Prägung im frühen Kindesalter zurückzuführen. Wieder einmal fungieren Erfahrungen als Architekten für die neuronale Konstruktion in den jeweiligen Verarbeitungszentren des Gehirns.

Herkömmliche Rollenklischees werden von der Industrie tatkräftig unterstützt, denn mit ihnen lässt sich rechnen. Die Regale der Kaufhäuser bersten von Jungen- und Mädchen-Spielzeug, und nur wenige Angebote richten sich an beide Geschlechter gleichermaßen. Zielstrebig suchen Mädchen-Eltern auf Einkaufstour in den Puppenregalen nach der neuesten Baby-Born- oder Barbie-Mode, nach Polly Pocket oder Disney Princess, Jungen-Eltern dagegen nach Rennstraßen, Trucks, Werkzeugen, muskelbepackten Titanen oder Jets. Es gibt kaum etwas dazwischen, und selbst die vielfach ausgezeichneten Hersteller wie Lego oder Playmobil produzieren geschlechtsspezifisch: nüchterne Konstruktionstechnik für Jungen, Puppenhausrat und Gefühlskitsch für Mädchen. Dabei handelt es sich um nichts anderes als in Plastik verpacktes Rüstzeug, das die Kinder auf ihre spätere Hauptrolle entweder als Ernährer oder als Hausfrau und Mutter vorbereiten soll. Andrea Schauer, Geschäftsführerin des erfolgreichen Familienunternehmens Playmobil aus dem mittelfränkischen Dietenhofen, bringt es auf den Punkt. »Wenn man in der Masse vermarktet, muss man die Seele der Grundtendenz ansprechen – dann ist man nicht in der Rolle des Weltverbesserers«, sagt sie.[22] So haben Playmobil und Lego Einfamilienhäuser konzipiert, wo die Mädchen bügeln, Wäsche aufhängen und kochen, oder Pferdeställe und Bauernhöfe, wo sie sich um die Aufzucht der Tiere kümmern. Jungen dagegen erproben ihren Kampfgeist in Piratenschlachten und Rittergefechten oder treten als Rennfahrer gegeneinander an.

Dieses Von-vornherein-Festlegen auf bestimmte, einzig vermutete geschlechtsimplizierte Fähigkeiten unterdrückt andere, womöglich stärkere Anlagen. Kompetenzen, die in den Kindern schlummern und nicht ins Konzept des gängigen Männer- oder Frauenbildes passen, werden unterdrückt. Indem sie auf ausgewählte Bereiche festgelegt werden, werden den Kindern Entwicklungsmöglichkeiten verweigert, der berühmte Blick über den Tellerrand. Und was brachliegt, verkümmert.

Spots für Mädchen – Spots für Jungen

Ganz automatisch führt diese Erziehung zur Separation: Mädchen und Jungen spielen nicht mehr miteinander, sondern vielfach gegeneinander. Wie oft werden Erzieherinnen, Eltern und Lehrer mit der kategorischen wie wegwerfenden Aussage von Jungen konfrontiert »Ich spiele nicht mit Mädchen!« Die Industrie bedient die beiden Geschlechterkulturen scharf begrenzt. Ebenso wie die Spielsachen selbst sind die Werbespots dafür ganz klar geschlechtsspezifisch differenziert. Die Spots liefern den zuschauenden Kindern stark ritualisierte Muster für ein stereotypes Verhalten. Werbespots werden im Dauerfeuer gesendet: Von den rund 15 000 Werbespots pro Woche richten sich 40 Prozent an Kinder; bei privaten Sendern ist es jeder zweite Spot.[23] Kinderspots weisen eine Reihe von Besonderheiten auf, unter anderem:

– Sie sind schnell geschnitten. Ihre Schnittfrequenz liegt zwischen einem und drei Sekunden Abstand zwischen zwei Schnitten. Mädchenspots sind länger geschnitten als Spots für Jungen.
– In Spots mit nur einem Darsteller handeln Jungen, in Spots mit mehreren Darstellern Kinder beiderlei Geschlechts.
– Spots für Mädchen behandeln Themen wie Schönheit, Romantik, familiäre Geborgenheit, Liebe. Pastelltöne und »Mädchenfarben« wie Pink dominieren. Die Spots strahlen Harmonie und Wärme aus und animieren Mädchen, sich in eine andere Identität hineinzuversetzen (Prinzessin, Mutter, Hausfrau).
– Spots für Jungen sind durch rasante Wechsel der Kameraperspektive zwischen Realfilm und Trickfilm gekennzeichnet. Die Musik ist »härter« als in Mädchenspots, die Farben sind dunkel, die Kontraste krasser. Abenteuer, Kampf und Gewalt sind die Themen, das Gute siegt. Die Sprache vermittelt das Gefühl von Macht und Kontrolle (»in meiner Welt bestimme ich«; »ein echtes Abenteuer, das ist nichts für Warmduscher« ...)[24, 25]

Bei einer Analyse von 150 Kinderwerbespots kamen Stephen Kline und seine Kollegin Debra Pentecost bereits 1991 zu dem Ergebnis, dass 84 Prozent der an Mädchen gerichteten Werbespots solche für Puppen darstellen. Jungen dagegen werden mit einer viel größeren Spielzeugauswahl umworben.

Früh beginnt die Überheblichkeit der Jungen. Meist sind sie es, die der gesamten Gruppe ihren Stempel aufzudrücken versuchen. Wer die Geschlechter im Spiel beobachtet, wird schnell feststellen, dass Jungen das andere Geschlecht viel vehementer ablehnen als umgekehrt. Sie legen großen Wert darauf, dass Außenstehende – Erwachsene wie Kinder – sie nicht mit »Mädchenkram« spielen sehen oder dabei ertappen, wie sie sich mit Aktivitäten befassen, die als »mädchenhaft« gelten. Oft vermitteln Jungen sogar den Eindruck, sie spielten vor einem Publikum.

Während Mädchen nicht mit allzu viel Ablehnung rechnen müssen, wenn sie sich mit »Jungensachen« beschäftigen, werden Jungen von ihren Altersgenossen regelrecht gehänselt, wenn sie Interesse an Mädchen und ihren Spielen zeigen. Mit absoluter Treffsicherheit können schon Kindergartenkinder Mädchen- und Jungenspielzeug auseinander sortieren. Eltern unterstützen das Dominanzverhalten der Jungen mit entsprechender Erziehung, mit Spielsachen, der lässigen Gel-Frisur und dem notwendigen Outfit, das Werbung, Kinder- und Jugendfilme vorgeben: Baseballmütze (natürlich verkehrt herum aufgesetzt), Schlabber-T-Shirt und hippe Hose, dazu Turnschuhe – alles möglichst vom Markenhersteller, versteht sich. Die coolsten Jungs haben Vorbilder wie Superman, Spiderman oder Action Man, sie erteilen Befehle, brüllen und prahlen, spielen den Boss. Vierkäsehochs lernen rasch, Rivalitäten mit verbaler oder tätlicher Aggression auszutragen. Je dominanter der Junge, desto zufriedener sind – meist die Väter, schließlich soll Sohnemann keinen verweiblichten Eindruck hinterlassen.

Die Sozialisierung ist von Geburt an so divergent, dass die Kinder in verschiedenen Welten aufwachsen: hier die Mädchenwelt, dort die Jungenwelt. Bei Jungen werden die Angriffslust, der Kampfgeist, die Autonomie gefördert. »Jungen sind eben wild« ist das häufige Argument sogar von Erzieherinnen und Pädagogen, »Mädchen sind zurückhaltend« ein anderes. Mit Jungen wird ausgelassener und wilder gespielt, sie werden »härter angefasst«; Mädchen dagegen werden als zerbrechlicher betrachtet, entsprechend wird mit ihnen zaghafter und achtsamer umgegangen. Kinder übernehmen schnell die Werturteile der Eltern, der Erzieher, der Medien und, für sie besonders wichtig, der Freunde oder Freundinnen. Erwachsene zeigen ihnen, wie »Mann« oder »Frau« zu sein hat. Auch das Modell der elterlichen Partnerschaft bleibt nicht ohne Wirkung: Die Mutter kümmert sich um Nachwuchs und Haushalt, der Vater geht arbeiten.

Mädchen, das »zweite« Geschlecht

Mädchen spielen Rollenspiele wie Mutter, Vater, Kind, ahmen Figuren und Tiere nach, die sie kennen, und denken sich selbst Märchen und Geschichten als variable Rahmenhandlung aus. Sie lernen sich mehr über die Beziehung zu anderen definieren, sie bauen facettenreiche, intime Beziehungsstrukturen zu Freundinnen und Bezugspersonen auf, kooperieren, sind gehorsam und anhänglich. Einerseits entwickeln sie im Lauf ihres Heranwachsens feine Sensoren für die Belange ihrer Mitmenschen, auf der anderen Seite verlernen sie zunehmend, ihre eigenen Wünsche und Ziele zu formulieren. Die Forscher Lyn Mikel Brown und Carol Gilligan sprechen vom »Verlust der eigenen Stimme«. Der Druck, sich dem diffusen Bild vom konformen – sprich: perfekten – Mädchen anzupassen, wird in der Schul- und Jugendzeit noch größer. Einher geht damit ein Mangel an Durchsetzungsvermögen. Außerdem verlieren Mädchen ihre Ausdrucksfähigkeit für negative Gefühle wie Aggression und Wut, weil ihre Nahwelt entsprechende Eigenschaften als »unweiblich« sanktioniert. Die Normen der Gesellschaft veranlassen Mädchen dazu, sich anzupassen, anstatt sich auf ihre eigenen Interessen zu konzentrieren und ihre Fähigkeiten konsequent zu fördern. Mädchen werden zu Sensibilität, Empathie und Fürsorge erzogen[26], was sie später an ihren vielfältigen Aufgaben als Partnerin, Mutter, Haushälterin, Berufstätige, Pflegende der Eltern oder Schwiegereltern verzweifeln lässt. Psychologen konstatieren eine hohe Verbreitung seelischer Erkrankungen. Frauen leiden etwa doppelt so häufig unter Depressionen, Anorexie tritt größtenteils beim weiblichen Geschlecht auf. Neben biologischen Ursachen wie vererbte Prädisposition oder hormonelle Störungen, die schon frühzeitig die Hirnentwicklung beeinflussen, »sind es die frühen und damit besonders einflussreichen Unterschiede in der seelischen Erziehung von Jungen und Mädchen«.[27]

Jungen werden darauf gedrillt, sich ausschließlich auf den Beruf vorzubereiten und zwischenmenschliche Beziehungen und Familie als zweitrangig zu betrachten. Weil sie als Gewinner erzogen wer-

den, ist das Selbstwertgefühl von Jungen erstaunlich hoch. In einer
Bremer Untersuchung wurden Mädchen und Jungen gefragt, wie
sie ihre eigenen Leistungen einschätzen. Während 51 Prozent der
Jungen der Auffassung waren, klug zu sein, meinten das lediglich
34 Prozent der Mädchen von sich. Mädchen halten nicht viel von
ihren Leistungen, das bestätigen auch viele andere aktuelle Studien.
Gerade in den von der Allgemeinheit traditionell für Jungendiszip-
linen gehaltenen Bereichen Physik, Mathematik, Chemie, Technik
und Computer glauben Mädchen überwiegend, schlechter zu sein
– und zwar selbst dann, wenn der Vergleich keine Geschlechterdif-
ferenz zutage förderte.[28]

Wie das Elternhaus, so lebt auch die Schule traditionelle Ge-
schlechterarrangements vor. Obwohl sich die Anzahl der Frauen in
Führungspositionen seit 2000 erhöht hat, lag ihr Anteil 2004 mit
rund 20 Prozent noch immer weit hinter dem der Männer zurück.
Je nach Schulart differieren diese Zahlen erheblich: An Grund-,
Real- und Hauptschulen sind rund ein Drittel der Führungskräfte
Frauen, an Gymnasien unter 20 Prozent, an gewerblichen Schulen
kaum weniger als im einstelligen Bereich, an Haus- und Landwirt-
schaftsschulen dagegen mehr als die Hälfte. Auch steht in den meisten Schulen einem vorwiegend weiblichen Kollegium zumindest
ein Mann vor. Darüber hinaus zwingt das System der Halbtagsschu-
le Familien, ab Mittag eine Betreuungsperson zu rekrutieren. Um
Mittagessen und Hausaufgabenkontrolle kümmern sich vor allem
die Mütter, das Argument liefert der geringe Verdienst, der im
Durchschnitt bei gleicher Qualifikation und gleicher Leistung um
die 80 Prozent von dem eines Mannes beträgt. Mädchen sehen bei
ihren Müttern, dass sich Bildung für sie weniger auszahlt als für
Jungen, denn Beschäftigte mit Universitätsabschluss erhalten im
Westen Deutschlands nicht einmal drei Viertel des Lohns formal
gleich qualifizierter Männer.[29] Auch die Lernmaterialien präsentieren trotz Besserung noch immer das Bild der häuslichen Mutter
und des schaffenden Vaters.

Werbung und kommerzialisierte Kinderfilme reproduzieren die
traditionellen Geschlechterstereotypen immer wieder aufs Neue.
Heutige Kinder sind medienorientiert, sie verbringen viel Zeit mit

Fernsehen, Video und Computer). Was sie zu sehen bekommen, bestärkt sie, ihr Verhalten und ihre Wünsche anzupassen. So erstaunt es nicht, dass die Kinder zu einem Zeitpunkt, da sie noch gar nicht wissen können, welche Leistungen sie erbringen müssen und welche Fähigkeiten ihnen abgefordert werden, schon deutlich geschlechtsspezifische Berufswünsche haben. Schon als Viertklässler favorisieren Jungen Berufe bei der Polizei, in der Luft- und Raumfahrt, als Fußballprofi. Später kommen technische Richtungen, der Computer und der Handel als Berufsperspektive hinzu. Mädchen dagegen wollen Gesundheitsberufe ergreifen, Lehrerin oder Erzieherin werden. »Damit wird deutlich, dass bei der frühen Fixierung von Traumberufen nicht rationales Kalkül mit Lebenschancen vorherrscht, sondern vage Selbstentwürfe, die sich an traditionellen Geschlechtsrollenklischees orientieren.«[30]

Bei der Interpretation der PISA-Ergebnisse in Bezug auf das mathematische Können argumentierten Öffentlichkeit und Medien recht einseitig. Jungen schnitten in der »männlichen Domäne« Mathematik etwas besser ab als Mädchen; die Jungen erzielten einen höheren Kompetenzwert von neun Punkten. Allerdings: Die etwas besseren Leistungen waren auf eine kleine Spitzengruppe von Jungen zurückzuführen. In den mittleren Leistungsstufen waren Mädchen und Jungen gleich stark vertreten, in den unteren dagegen mehr Jungen. In der naturwissenschaftlichen Grundbildung fanden sich keine signifikanten Geschlechtsunterschiede. Dagegen lagen die Mädchen mit einem zweistelligen Punktwert (42 Punkte) bei der Lesekompetenz weit vor den Jungen. Dass Jungen analoge Unsicherheiten in den als typisch weiblich bezeichneten Lernbereichen, wie der Sprache, erkennen lassen, ist nicht nachweisbar.[31]

Zuerst beim Spielen, dann bei den Freizeitaktivitäten trennt sich die Spreu vom Weizen. Emotionales gilt allgemein als das Weibliche und Minderwertigere, Sachliches als das Männliche und Wichtigere. Entsprechend werden Mädchen und Jungen als weibliche und männliche Konsumenten erzogen. Spielzeug, das die naturwissenschaftliche oder technische Neugier weckt, deklarieren Hersteller und kaufen Eltern als Jungenspielzeug; Spielzeug, das Hüten und Heilen impliziert, als Mädchenspielzeug. Nicht nur die Spielsachen trimmen die Kinder in Richtung ihrer vorbestimmten Geschlechterrollen, ihre Freizeit ist ganz und gar auf stereotype Beschäftigungen reduziert. Jungen spielen Fußball, lernen Karate und machen schon als Kindergartenkinder Bekanntschaft mit Gameboy und Computer, Mädchen gehen zum Ballettunterricht, lernen Reiten und bekommen Bilderbücher, dann Märchenbücher, Reihen wie »Leselöwen«, »Leseraben« oder »Pixi«, später Romane. Doch in der Regel sind Bücher weder geschlechtsneutral, noch ist der Markt ausgewogen. In den meisten modernen Kinderbüchern handeln nach wie vor männliche Helden: unerschrockene, mutige Jungen, gewitzte Bären, Hasen, Elefanten. Sie bestehen Abenteuer, meistern jede Herausforderung, befreien aus den Fängen böser Mächte, zeichnen sich durch Einfallsreichtum und Klugheit aus. Mädchen oder weibliche Tiere spielen selten die Hauptrolle, noch seltener treten sie keck und willensstark auf, sie harren aus, reagieren statt zu agieren. Auch über Bücher lernen Mädchen, passiv zu sein.

Während visuelle Medien für Jungen unverzichtbar sind und der Computer zum wichtigsten »Spielzeug« avanciert, ziehen sich Mädchen im und nach dem Puppenalter gern zurück, um zu lesen. Der lernende Junge hat den Eindruck: »Bücher sind was für Mädchen« – und als mädchenhaft zu gelten ist das Letzte, was er will. Allerhöchstens kann er sich mit Sachliteratur anfreunden, mit Büchern über Sport oder Technik, in denen er dann und wann blättert. Die Feinheiten der Sprache kann er auf diese Weise nicht erlernen, Lesekompetenz erwirbt er so nur bedingt. Doch Bücher können Kindern helfen, sich die Welt zu erklären. Das Lesen wirft Fragen auf, im Gespräch mit Spielkameraden und Erwachsenen bekommen sie Antworten. Im Gegensatz zum Fernsehen haben Bücher den großen Vorteil, dass sich die Kinder die Geschichte ihrem eigenen Tempo nach erschließen können, Seite für Seite. Lesen können heißt auch lernen können, denn in unserer schriftbasierten Informations- und Wissensgesellschaft ist Lesen die Schlüsselqualifikation für die gesamte schulische und berufliche Laufbahn. Texte lesen und ihren Sinn erfassen zu können trainiert das Denken. Gerade das aber beeinträchtigen Werbung und Konsum massiv.

Ohne Worte:
Wie Konsum das Sprachvermögen zerstört

Sie alle tun es: Geißeltierchen, Krähen, Warane und Wale, und selbst Pflanzen können auf bestimmte Weise miteinander kommunizieren. Zu einer artikulierten Sprache allerdings ist nur der Mensch fähig. Kein anderes Individuum im Tierreich ist in der Lage, Ereignisse zu beschreiben, die bereits abgeschlossen sind, Vermutungen über die Zukunft anzustellen oder über Philosophisches zu debattieren. Eine Sprache zu beherrschen bedeutet mehr als nur ein Sich-mitteilen-Können: Sprache ist die Voraussetzung für das Denken.

Im Land der Dichter und Denker allerdings steht es schlecht um die Fähigkeiten des Nachwuchses. Nicht nur, dass die Schüler im internationalen Vergleich schlechter rechnen und lesen können als Gleichaltrige aus anderen Ländern. Sie beherrschen nicht einmal mehr ihre eigene Muttersprache. Sprachentwicklungsstörungen bei Kindern sind an der Tagesordnung. In den vergangenen Jahren ist der Anteil derer, die nicht altersgemäß sprechen können, auf erschreckende 25 Prozent gestiegen. Obwohl multifaktoriell, gehen Fachleute davon aus, dass das Problem nicht auf die Zunahme organischer Ursachen wie Hörstörungen oder Anomalien der Sprachorgane, genetische Veranlagungen oder geistige Behinderungen zurückzuführen ist. Psychosoziale Faktoren spielen eine entscheidende Rolle im komplizierten Prozess der Sprachentwicklung. Dass Kindern das korrekte Sprechen zunehmend schwerer fällt, ist um so bedenklicher, als beim Erlernen der Erstsprache neuronale Verarbeitungsmuster ausgebildet werden, die sich später nicht mehr ändern lassen – auf ihnen bauen alle nachfolgenden Lernprozesse auf. Lernt das Kind also nicht richtig sprechen, lernt es später nicht richtig lernen.

Die elektronische Aufrüstung

Tatsächlich lässt sich ein Großteil des Nachwuchses unmotiviert und lethargisch im Lernfluss dahintreiben und brennt auf das Wochenende – dann endlich kann er, oft unbehelligt von den Eltern, seinen Lieblingsbeschäftigungen nachgehen. Spaß steht auf der Prioritätenliste der Kinder und Teenager an oberster Stelle, und Konsum ist ein Garant dafür. Die Industrie suggeriert Eltern wie Kindern, dass allein der Kauf eines bestimmten Produkts genügt, um ohne Mühe erfolgreich zu sein, unterhalten zu werden oder das eine mit dem anderen auf angenehme Weise zu verbinden. Sie überschwemmt den Markt mit Produkten, die die fünf Sinne eines Kindes eher lähmen als fördern; die elektronische Aufrüstung im Kinderzimmer verschlägt vielen Kindern im wahrsten Sinne des Wortes die Sprache. Sie hören zwar einzelne Wörter oder Sätze, doch sind diese selten mit einer Handlungsbedeutung verknüpft. Viele Kinder lernen das Sprechen »aus zweiter Hand«:

– Der Kindercomputer Lern Zirkus ab 3 Jahre (Vtech) offeriert »12 altersgerechte Lernprogramme« mit Buchstaben & Logik, Zahlen, Formen und Musik. Der Computer spricht einfache Wörter und Sätze vor.

– Winnie Puuh Lerntelefon (Vtech) enthält drei Programme zum Erlernen von Zahlen zwischen 0 und 9, viele Geräuscheffekte, der original Winnie-Puuh-Stimme und spielt zehn bekannte Kindermelodien ab.

– Der Leapster (Stadlbauer) verspricht, Kindern auf spielerische Weise beispielsweise Kenntnisse über Buchstaben, die Rechtschreibung und Reime zu vermitteln. Er enthält unter anderem eine »elektronische Buch-Lesekonsole« für die Förderung von Lese- und Schreibfähigkeiten und des Bewusstseins für sprachliche Laute.

Solche und viele andere Produkte entbinden die Eltern von ihrer Verantwortung, dem Sprössling selbst das Sprechen beizubringen. Es stellt sich die Frage, was beispielsweise ein Kleinstkind mit dem Druck auf eine bunte, entsprechend geformte Taste verbindet, wäh-

rend eine Stimme das Wort »Fuß« verkündet, untermalt von einem
fröhlichen Tuten? Und im Gegensatz dazu: Was geschieht im Kopf
des Kindes, wenn Mutter oder Vater seinen Fuß kraulen und das-
selbe Wort plaudernd in einfache Sätze flechten? Fachleute sind
sich einig: Die Sinne eines Kindes erfassen keine voneinander iso-
lierten und lebensfremden Reize, sondern stets die Gesamtsituati-
on. Bestimmt jedoch elektronisches Spielzeug den Alltag eines Kindes und nicht die Kommunikation mit anderen Menschen, fesselt
es zwar seine Aufmerksamkeit durch Effekthascherei, verstellt ihm
aber gleichzeitig den Weg zum Erlernen und korrekten Gebrauch
seiner Muttersprache. Das Kind handelt nur noch (indem es Tasten
oder die Maus bedient), alle Ergebnisse sind abzusehen. Ein Wort
wird immer gleich betont, in immer demselben Sinnzusammen-
hang genannt. Elektronische Sprach-Lernhilfen wie die beschriebenen isolieren Wörter und Sätze, und ebenso werden sie eingeübt.
Lebendige Sprache aber ist anders. Sie beschreibt ganze Situations-
einheiten. Nimmt das Kind Sprache auf diese Weise wahr, ist es im
Laufe der Zeit in der Lage, seine Lebenswelt in solche Situationsein-
heiten zu gliedern, sie zu benennen und sogar zu beschreiben. Indem es Worte findet für das, was es wahrnimmt, können innere
Bilder entstehen, Phantasie kann sich entwickeln, und das sprachliche Denken beginnt.

Kinder wachsen in einem kommerzialisierten, medialen Raum
auf – viele von ihnen unter einer regelrechten Glocke, abgeschnitten von einer natürlichen und kindgerechten Umgebung. Problematisch wirkt sich die Überfütterung mit Spielzeug, mit Fernsehen
und Computer-Spielen dort aus, wo das Elternhaus weder regulie-
rend noch ausgleichend eingreift, wo das Kind keine »Sprachvorbil-
der« findet und wo schon die Kleinsten Vielseher und Vielkon-
sumierer sind. Eine Vielzahl von Untersuchungen belegt den
Negativeffekt. So zeigte eine Langzeitstudie in England, dass bei 20
Prozent der erst neun Monate alten Kinder, die zu viel fernsahen,
schon ein sprachlicher Entwicklungsrückstand besteht, und auch
in Deutschland kommen die Forscher zu ähnlichen Ergebnissen.
An der Universität Freiburg hatte das Team um Professor Michael
Myrtek nachgewiesen, dass Kinder, die über drei Stunden täglich

vor der Flimmerkiste saßen, weniger reden, schlechtere Deutsch-
noten haben und emotional abgestumpfter sind als gleichaltrige
Wenigseher.[1] Solche Kinder üben nicht, selbst zu sprechen, und es
ist niemand da, der ihre Fehler korrigieren könnte. Sie beginnen
erst zu sprechen, wenn Altersgenossen schon mehrere hundert
Wörter, vielleicht sogar Mehrwortsätze beherrschen. Besonders
auffällig ist ihr eingeschränkter produktiver Wortschatz, sie kennen
die Bedeutung von Wörtern nicht, können den Satz-Sinn nicht erfassen und machen auffallend viele grammatikalische Fehler beim
Sprechen. 50 Wörter mit 24 Monaten gelten als unterstes Limit;
Kinder, die diesen Schwellenwert nicht erreicht haben, laufen Gefahr, unter einer anhaltenden Sprachentwicklungsstörung zu leiden. Mittlerweile ist die Zahl der Zweijährigen, die keine 50 Wörter
anwenden können, auf knapp ein Viertel gestiegen. Während die
eine Hälfte der betroffenen Kinder die Verzögerung mit fachlicher
Unterstützung bis zu ihrem dritten Lebensjahr aufholen kann, ver-
festigt sich das Problem beim anderen Teil noch. Je älter das Kind
wird, desto schwieriger ist es, den Schaden zu beheben. Sein Start
ins Schulleben wird ein denkbar ungünstiger sein.

Kinderärzte schlagen seit Jahren Alarm. Sie sind mitunter die
Ersten, die den beängstigenden Trend zum Verstummen erkennen
und vor den Folgen warnen. Was die Zahlen aus den einzelnen Bundesländern belegen, hätte schon längst eine Lawine gezielter Gegen-
maßnahmen auslösen müssen. Allein in Leipzig, wo das sächsische
Kindertagesstättengesetz eine medizinische Untersuchung von
Vierjährigen vorschreibt, haben Ärzte zwischen 2003 und 2004
rund 22 000 Kinder untersucht und festgestellt, dass die Kleinen
sich nicht so entwickelt hatten, wie ihr Alter es hätte vermuten lassen. Bei 18,7 Prozent war die Feinmotorik auffällig, weitere 10,7
Prozent hatten Schwierigkeiten mit der Grobmotorik. An sich übliche Fertigkeiten, wie beim Malen eine Grenze einhalten, einen Ball
fangen, Puzzles legen oder einen Turm aus Klötzchen bauen, fielen
den Kindern ebenso schwer wie auf einem Bein hüpfen, über einen
Gegenstand springen oder ein Stück weit balancieren. Noch mehr
bestürzte die Ärzte das mangelhafte Sprechen. 37,2 Prozent sprachen nicht altersgemäß, knapp neun Prozent konnten sich aus-

schließlich ihren Eltern – und niemandem sonst – verständlich machen.[2] Nicht viel anders sieht es in anderen Bundesländern aus. In Hessen sind 22 Prozent der Kindergartenkinder deutscher Muttersprache und 51 Prozent der Kinder mit ausländischer Muttersprache sprachauffällig; viele Störungen nehmen bei Kindern aus sozial schwachem Milieu und Migrantenfamilien zu. Jeder zehnte Abc-Schütze in Schleswig-Holstein hat eine Gesundheitsstörung, die den Lernerfolg beeinträchtigen kann, ergaben die Einschulungsuntersuchungen der Jahre 1999–2002[3], in Mannheim benötigten 17,7 Prozent der Schulanfänger eine gezielte Sprachförderung. Erstaunlicherweise lag der Anteil deutscher Kinder mit 48,8 Prozent fast ebenso hoch wie der unter Migrantenkindern.[4] Eberhard Kruse, Präsident der Deutschen Gesellschaft für Phoniatrie und Pädaudiologie, charakterisiert das gesamtdeutsche Ausmaß: In den vergangenen zwanzig Jahren sei die Anzahl sprachauffälliger Kinder um das Doppelte bis Vierfache gestiegen.

Sprechen lernen – die natürlichste Sache der Welt?

Dabei sind gesunde Babys gut gerüstet, um später wortgewandt und korrekt kommunizieren zu können – vorausgesetzt, es gibt jemanden, der regelmäßig mit ihm spricht und auf diese Weise sein Sprachzentrum trainiert wie einen Muskel. Mit einer Unmenge an Spielzeug oder »schnullernd« vor dem Fernseher allein gelassen, wird es seine natürliche Begabung nicht ausschöpfen können. An dieser Last trägt es dann sein Leben lang.

Im Prinzip läuft der Spracherwerb bei jedem Menschen ähnlich ab. Schon bei der Geburt verfügt das Kleinstkind über die Fähigkeit, bis zu 70 Phoneme, also Buchstaben und einfache Lautverbindungen wie »ra« oder »mu«, zu unterscheiden, obwohl es für seine Muttersprache weit weniger benötigt. Das Deutsche zum Beispiel besteht lediglich aus rund 40 verschiedenen Phonemen. Auch sind Babys sehr früh in der Lage, die rhythmische Struktur ihrer Muttersprache durch Lallen nachzuahmen. Indem sie schreien oder Laute formen, versuchen sie, ihre »Sprache« zu gliedern und Redeflüsse zu imitieren. Gleichzeitig loten sie die Grenzen von Wörtern oder Sätzen aus. Sie filtern permanent wahrgenommene Lautstrukturen, ihr Gehirn speichert Ähnlichkeiten und Häufigkeiten ab, für wichtig befundene neuronale Verbindungen werden gestärkt, andere abgebaut. Intuitiv reden Erwachsene mit Säuglingen anders als mit größeren Kindern, was den Kindern das Erlernen der Muttersprache erleichtert: Sie sprechen langsamer und höher, ziehen Vokale in die Länge, wählen kürzere und einfachere Sätze und wiederholen den gleichen Satz häufiger. Akzent und Melodie einer Sprache prägen sich irreversibel ins Gedächtnis ein, sodass sie ein Leben lang erhalten bleiben.

Ein besonders eindrucksvolles Beispiel für die unterschiedliche Phonemwahrnehmung ist das Unvermögen erwachsener Japaner, die Laute »r« und »l« akustisch voneinander zu trennen. Selbst wenn sie überdeutlich ausgesprochen werden, können sie sie nicht identifizieren. Als Babys dagegen bereitete ihnen die Unterscheidung keinerlei Schwierigkeit. Weil »r« und »l« im japanischen Sprachraum nicht gebräuchlich sind, löst das Gehirn alsbald die nicht benötigten Nervenverbindungen. Würde ein japanisches Kind jedoch in Europa aufwachsen, behielte es die Fähigkeit zur Unterscheidung bei. Ähnlich verhält es sich mit Skandinaviern, die über ein Dutzend verschiedener A-Laute heraushören können, oder mit englischsprachigen Säuglingen, die das im Deutschen, aber nicht im Englischen vorkommende lange »ü« vom in beiden Sprachen vorkommenden langen »u« nicht unterscheiden können.

Zwischen dem sechsten und dem neunten Lebensmonat ist das Baby so vertraut mit seiner Muttersprache, dass es die verschiedenen Ausdrucksformen und Tonhöhen wie Schimpfen, Beruhigen, Ungeduld oder Freude erkennen und deren Bedeutung einordnen kann. Kausalität nimmt immer mehr Raum ein. Das Kind entdeckt, dass sein Gegenüber lacht, wenn es kichert, und besorgt schaut, wenn es weint. Indem der Sprache auf diese Weise Leben eingehaucht wird, beginnt das Kind schon zwischen dem siebten und zwölften Monat, Sprache, Gefühle und Vorstellungen aus seiner Nahwelt miteinander zu verbinden. Für die Kleinsten ist in erster Linie nicht wichtig, was die Erwachsenen sagen, sondern wie sie es sagen.

Ungefähr ab dem ersten Lebensjahr beginnt das Kind, eine Beziehung zwischen den Wörtern und der Gegenstandswelt aufzubauen, schafft eigene Kategorien wie Auto für alles, was Räder hat wie LKW, Rasenmäher, Kehrmaschine, Küchenbord mit Rollen ..., wie »putt« für die Dinge, die sich nicht mehr so bewegen wie gewohnt, oder »alle, alle« für abgeschlossene Handlungen. Besonders aufmerksam verfolgt es jetzt die Dialoge der Eltern, lernt daraus, wie eine Unterhaltung überhaupt funktioniert.

Im Alter von 20 Monaten beherrschen Kinder gesprächsfreudiger Eltern über 130 Wörter mehr als Kinder, deren Eltern sich kaum mit ihnen unterhalten. Hören Kinder stattdessen Sprache aus dem Fernseher, CD-Player oder Radio, stimuliert das ihre Sprachentwicklung nicht. Wahrscheinlich nehmen sie die über Medien hörbare Sprache lediglich als Geräusch wahr, verknüpfen sie nicht wie im »wirklichen Leben« mit Handlungen oder gerade ablaufenden, unmittelbaren Geschehnissen und Erlebnissen. Sie machen keine Erfahrungen, wie Sprache ankommt und was sie bewirken kann.

Kurz vor dem zweiten Lebensjahr kann das Kind Wünsche äußern und Erlebnisse in Einheiten fassen, die häufig nur für die Bezugspersonen verständlich, für Außenstehende aber nicht unbedingt erfassbar sind. Zum Beispiel sagt es »ich Bot est« für »ich habe das Brot aufgegessen«.

Im Laufe der nächsten Monate werden die Dialoge immer umfangreicher, die Sätze vollständiger. Als Dreijähriges beherrscht das Kind die elementaren Grundstrukturen seiner Muttersprache. Wie massiv die Sprechweise der Eltern die der Kinder beeinflusst, haben Untersuchungen des Satzgefüges gezeigt. Eltern, die in einer vorgegebenen Zeit 40 Prozent Hauptsätze mit Nebensätzen bildeten, hatten Kinder, die solche Sätze immerhin zu 35 Prozent verwendeten. Eltern dagegen, die in dieser Zeit Satzgefüge nur zu zehn Prozent benutzten, hatten Kinder, die sie nur zu fünf Prozent anwenden konnten.

Das Sprechen ist eine komplexe Leistung des Gehirns. Während wir sprechen, arbeitet eine ganze Reihe von Arealen parallel.

Sprache wird bei den meisten Menschen vor allem in der linken Gehirnhälfte verarbeitet. Eine Region der Hirnrinde im Bereich der linken Schläfe prüft die zugehörige Gruppe der eintreffenden Wörter. Sie baut gemeinsam mit dem Broca-Areal, das auch in Höhe der linken Schläfe liegt und für die Grammatik zuständig ist, die Satzstruktur auf. Hinter dem linken Ohr befindet sich das Wernicke-Areal, das die Bedeutung der Wörter, also ihren semantischen Gehalt, misst. Hinzu kommen noch all die anderen Hirnbereiche, die unter anderem die Zungen- und Lippenbewegungen, die Stimmbänder und die Muskulatur steuern. Das Gehirn braucht weniger als eine halbe Sekunde, um einen Satz zu analysieren. Immer nach dem gleichen Muster untersucht es zuerst die Grammatik und interpretiert nach etwa 400 Millisekunden den Inhalt. Enthält der Satz einen Fehler, so folgt noch eine Korrekturphase, die nach insgesamt rund 600 Millisekunden abgeschlossen ist. Gleichzeitig mit der Grammatik, die in der linken Hirnhälfte untersucht wird, untersucht die rechte Gehirnhälfte die Satzmelodie. Je nach Kombination erfahren die Wörter eine spezielle Bedeutung, umso mehr, wenn sie unterschiedlich betont oder in einer anderen Stimmlage geäußert werden.

Kassen klingeln, Kinder verstummen

Kinder lernen ihre Muttersprache auf ganz natürliche Weise – ohne gezielten Unterricht. Doch sie lernen eben nicht »von selbst« sprechen. Das Zentrum des Sprechen- und späteren Lesenlernens liegt im Elternhaus, nicht im Kindergarten und nicht in der Schule. Schon während des Sprechenlernens legt es den Grundstein für das Lesen. Eltern, die ihren Kindern regelmäßig vorlesen, schulen deren begriffliches Wissen, fördern die sprachliche Kreativität ihrer Sprösslinge und ein Sprachbewusstsein, das ihnen später, beim Verstehen komplexer Zusammenhänge, helfen wird. Vorlesen ist viel mehr als ein Zeitvertreib, es ist eine Sozialisationsform, bei der die Eltern nicht nur Zuwendung und Geborgenheit schenken, sondern als aktive Sprachlehrer agieren. Allerdings ist es nicht gut bestellt um die Liebe zum Buch, denn Bücher müssen – im Vergleich zu elektronischen Sprachhilfen – selbst erschlossen werden, und schon die Eltern von heute sind Konsumkinder von gestern. Die Studie »Leseverhalten in Deutschland im neuen Jahrtausend« der Stiftung Lesen hat zutage gefördert, dass »… die Einflussnahme der Eltern auf die Lesemotivation ihrer Kinder um 50 Prozent zurückgegangen (ist).«[5] Nur einem Drittel aller Kinder im »klassischen Vorlesealter« von der Geburt bis zum zehnten Lebensjahr wird vorgelesen, zwei Drittel müssen Verzicht üben. Die Arbeitsgemeinschaft von Jugendbuchverlagen schätzt, dass im Jahr 2004 lediglich 1,4 Millionen Bilderbücher verkauft wurden. Umgerechnet auf die etwa 4,5 Millionen Kinder unter sechs Jahren ergäbe das einen statistischen Wert von 0,3 pro Kind und Jahr. »Kinder und Heranwachsende erwerben erst durch Lesen sprachliche und soziale Kompetenz«, sagte Historiker Paul Nolte, TV-Analytiker und Erfinder des Begriffs »Unterschichtfernsehen«.[6]

Das gesprochene Wort scheint an Reiz zu verlieren, wenn es über die Lippen eines Menschen aus Fleisch und Blut kommt. Dafür hat mediales Geplapper Hochsaison, ist es doch viel leichter, eine On-Taste zu drücken, als sich eine Stunde Zeit zum Vorlesen zu nehmen. Doch weder CD-Player noch Kassettenrekorder können die Wirkung der Worte aus Mamas oder Papas Mund ersetzen, sie können auch keine Fragen beantworten oder ins Gespräch verwickeln – ganz abgesehen davon, dass ein Ankuscheln unmöglich ist. Dafür hat die Industrie längst Abhilfe geschaffen. Mittlerweile gibt es Löwen, Bären, Knuddelpuppen, Affen und viele andere Stoffwesen, die nicht nur weich und anschmiegsam sind, sondern auch noch Lieder und Sätze lehren. Tad, der grasgrüne Frosch von LeapFrog beispielsweise, gibt »aufmunternde Antworten« und dudelt bekannte Kinderlieder, um »das Kind beim Bilden von Sprechlauten« zu unterstützen, »es zum Sprechen« zu ermuntern und »somit die Sprachentwicklung zu fördern«. Überdies rege Tad »zu fantasievollen Spielen an« – »ein wichtiger Schritt in der Entwicklung sozialer Fähigkeiten«, wie der Hersteller vollmundig verspricht. Neben solchen Spielsachen sorgt auch das Fernsehen für die bei Eltern so ersehnte kinderfreie Zeit besonders in den quengelanfälligen Spätnachmittagsstunden oder am Sonntagmorgen, wenn Ausschlafen angesagt ist. Zur Milderung des schlechten Gewissens bietet es sogar Unterhaltung ganz speziell für Ein- bis Dreijährige: Da lallen vier Teletubbies in der gleichnamigen BBC-Erfolgsserie einander (und dem Zuschauer) zu, farbenfrohe Synthesen aus bärigem Knuddeltier und Marsmännchen, eingebettet in eine Science-Fiction-Welt aus Glas, Metall und Plastik, auf deren Kunstrasen echte Kaninchen hoppeln – und Medienpädagogen debattieren ernsthaft über den Wert der Sendung für Kleinstkinder. Sie verkaufen die dreifachen Wiederholungen der Kurzgeschichten, die begrenzte Artikulationsfähigkeit der Tubbies und die künstliche Aufmachung als Phantasiewelt als kindgerechten Einstieg für Fernsehanfänger und stilisieren wieder einmal das Verweilen vor der Flimmerkiste zu einem modernen Lebenskonzept hoch, an dem schon die Jüngsten zugunsten ihrer »Medienkompetenz« partizipieren müssten – statt die Frage zu beantworten: Wozu sollte ein so kleines Kind überhaupt fernsehen? Sicher, eine halbe Stunde Fernsehen pro Tag schadet nicht – wenn das Umfeld stimmt. Aber was passiert während dieser Zeit im Kopf eines Kindes, das die Welt um sich herum gerade entdeckt? »Das Fernsehen überflutet das kleinkindliche Gehirn gerade in jener sensiblen Zeit mit Bildern, in der es lernen sollte, Bilder von innen her zu erzeugen. Fernsehen unterdrückt die Fähigkeit der inneren Bilderzeugung …«, meint dazu der amerikanische Intelligenzforscher Joseph Chilton Pearce.

Sprechen lernen in der Überflussgesellschaft ist eine Kraftanstrengung, der viele nicht gewachsen sind. Zu armselig, zu fehlerhaft, zu spät finden Kinder Worte. Dass damit Prozesse im Gehirn anders ablaufen als normalerweise, liegt nahe. Nolan Altman und Bryron Bernal vom Kinderkrankenhaus in Miami haben mit Hilfe eines bildgebenden Verfahrens, der funktionellen Magnetresonanztomographie, einen Beleg für diese Annahme erbracht. Während sprachunauffällige Kinder gehörte Sprache in der linken Gehirnhälfte verarbeiteten – wie der größte Teil der Bevölkerung eben auch –, zeigten die Gehirne der sprachgestörten Kinder mehr Aktivität auf der rechten Seite, die noch dazu magerer ausfiel, je älter die Kinder waren. Altman und Bernal halten diese neuronale Umverteilung für einen Grund dafür, warum sprachliche Defizite im späteren Kindesalter kaum mehr aufzuholen sind.

Wenn das Kind zu sprechen lernt, aktiviert es seine kognitive Leistungsfähigkeit. Es ordnet seiner Umgebung Begriffe zu, was wichtig ist, um die Zustände darin zu beschreiben. Zum Beispiel begreift es erst allmählich, dass die Puppe zwar aus seinem Sichtfeld verschwunden ist, aber dennoch existiert – vielleicht unter einem Stapel Windeln verschüttet oder hinter die Truhe gefallen ist. Mit Hilfe von Worten charakterisiert es seine Welt und schult so sein Abstraktionsvermögen. In dieser Zeit setzt auch sein Denken als stummes Sprechen ein; das Kind beschäftigt sich aktiv mit Dingen, die es erfühlt, gesehen, gehört, geschmeckt oder ertastet hat. Es extrahiert das Wichtigste und formt daraus seine ganz individuelle Erkenntnis. Nur indem es genug Worte hat für das, was es bewegt, kann es seine Eindrücke verarbeiten und seine Gedanken ordnen, weiterspinnen und sogar assoziieren – eine Grundvoraussetzung für Kreativität. Im Lauf der Monate wird es immer geschickter darin, Wichtiges von Unwichtigem zu trennen, neue Erfahrungen einzuordnen und zu bewerten. Besonders deutlich wird der Zusammenhang zwischen seiner sprachlichen und denkenden Entwicklung im »Warum-Alter«, in dem das Kind bis zum elterlichen Kollaps mit Fragen löchern kann.

Was aber, wenn die Worte fehlen?

Logopäden kennen das Problem: Kinder mit gestörter Körpermotorik leiden häufig an Sprachentwicklungsstörungen. Meist sind die Ursachen nicht in organischen Schäden wie frühkindlichen Hirnschädigungen oder Erkrankungen zu suchen, sondern sie kommen zustande, weil das Kind wenig Anregung aus seiner Umwelt erfährt, weil es sich selbst überlassen wird, übergewichtig ist und sich selten bewegt. Als »Funktionseinheit« von Wahrnehmen, Erleben, Denken und Handeln ist die Körpermotorik die Voraussetzung, um kommunizieren zu können. Wo Berge an vorgefertigtem Spielzeug die Kreativität boykottieren, wo das Fernsehen

Antworten gibt, ohne Fragen zu stellen, wo »Fun und Action« rund um die Uhr der Normalzustand sind, wo weder Zeit noch Raum sinnliches Erleben schaffen, wo keine Ruhepause Luft zum Aufatmen bietet, wo Eltern nicht für Orientierung, Halt und Grenzen sorgen – wo bleibt da noch Platz für Worte? In einer überbordenden Unterhaltungswelt voller Angebote sind sie anscheinend überflüssig geworden. Der Gemeinsinn erschöpft sich darin, zusammen vor dem Fernseher zu sitzen, bestens versorgt mit Knabberzeug und Modegetränken, die Gesprächsthemen auf Soaps und Talk-Shows, sportliche Wettkämpfe und den Füllstand der Tüten und Flaschen reduziert. Die Familien reden nicht mehr miteinander. Dabei ist das Sprechen eine Voraussetzung für das soziale Lernen, es hilft, Kontakt aufzunehmen, Bindungen aufzubauen. Sprache gibt uns die Möglichkeit, uns mit anderen über Bedürfnisse, Ängste, Ansichten auszutauschen. Gefühle werden beschreibbar und für den Gesprächspartner nachvollziehbar, wenn sie sich durch die Stimmlage, Lautstärke und Betonung des Gesprochenen ausdrücken – auch das muss ein Kind erst einüben – auf praktische Weise, mit einem lebenden Gegenüber und nicht mit der Mattscheibe. Die Sprache ist zeitlebens ein Mittel zur Interaktion und Grundlage des Zusammenlebens in der Gruppe.

Reden ist wichtig für:
- die Information. Erfahrungen und Erkenntnisse werden ausgetauscht, bewertet und genutzt;
- die Koordination. Bewegungsabläufe, die es zu erlernen gilt (z. B. Inline-Skating) werden besprochen;
- die Reflexion. Im Nachhinein werden Missgeschicke ebenso besprochen wie Positives. Unerwünschte und erwünschte Verhaltensweisen werden analysiert und selektiert;
- die Planung. Vorausschauend wird auf ein Ziel hingearbeitet.[7]

Das Kind, das sich nicht ausdrücken kann, wird missverstanden, von anderen Kindern ausgelacht oder gemieden, von Erwachsenen verbessert. Sein sprachliches Unvermögen führt es in die Isolation, es wird sich seiner Irrtümer bewusst, reagiert je nach Charakter mit Flucht und Rückzug, Wut oder Blockade. Weil es sich ständig ertappt und beobachtet fühlt, mit seiner eigenen Unzulänglichkeit rechnet und sie in eine Rundum-Schwäche ummünzt, ist die Gefahr groß, dass seine Persönlichkeit dauerhaften Schaden nimmt. Minderwertigkeitskomplexe sind programmiert, ebenso Versagensängste, die sich in der Schule verstärken, weil es mit Ansprüchen konfrontiert wird, die es nur schwer erfüllen kann.

Geschmacklos in die Zukunft

Die »Miracoli«-Mami hat gut lachen, zählen doch Spaghetti mit Tomatensoße eindeutig zu den Favoriten aller Bambini. Überhaupt lassen sich die Lieblingsgerichte der Kleinen zumeist an einer Hand abzählen: Pommes, Nudeln, Burger, Milchreis, Pizza. Gemüse wird prinzipiell als Zwangsernährung abgelehnt, Obst nur zerkocht als Beilage für die süße Mahlzeit zugelassen. Wer schon einmal einen Kindergeburtstag ausgerichtet hat, kennt die Pein elterlicher Gastgeber. Denn obwohl sich die Tischplatte biegt, die nebenstehende Kommode frappierende Ähnlichkeit mit dem Tresen einer Bar aufweist, ertönt von jedem Stuhl das immer gleiche Quäken. »Mag ich nicht!« ist Entrüstung und Befehl zugleich, und die Eltern, um Eintracht bemüht, resignieren und wirbeln, um sämtliche Bedürfnisse zu befriedigen. Das nächste Mal wird entgegen besserem ernährungsphysiologischen Wissen kredenzt, was alle mögen: anstelle der natürlichen Fruchtsäfte Fanta, Sprite, Cola und »Fruchttiger«, anstelle des selbst gebackenen Kuchens Zoo-, Ernie- und Bert-Kekse, Choco-Prinzen und Choco-Wikinger, Kinder Pingui und Milchschnitten – mit Verpackung, versteht sich, damit die lieben Kleinen gleich wissen, was drinnen steckt.

Die schöne neue Welt der Nahrungsmittelindustrie

Sie wissen, was sie wollen, aber Gusto haben sie nicht. Sie können die Grundgeschmacksrichtungen nicht mehr unterscheiden. Egal ob süß, sauer, salzig, bitter oder die als »herzhaft« charakterisierte Art umami – der jahrelange geschmackliche Einheitsbrei hat sie abgestumpft. Die Industrie liefert fertig, wofür zu Hause kaum jemand mehr Zeit aufwenden will. Das Essen läuft vom Band und hat, da im Überfluss und in allen Variationen erhältlich, mit vollwertiger Ernährung nicht mehr viel gemein. Ebenso wie die Großen essen die Kleinen heute anders als noch vor 20 Jahren. Die schöne neue Welt der Nahrungsmittelindustrie eröffnet Horizonte für Wünsche und Gefühle; sie verkauft in erster Linie nicht Nahrung, sondern ein Gefühl. So projiziert schon der jüngste Esser in ein Lebensmittel Lebensstil, denn Essen ist Imagepflege. Wer dazugehören will, isst konform. Und bei der »Extra Portion Milch« oder den »Vitaminen zum Naschen« sind sogar Mama und Papa ruhig gestellt.

Appetit, Lust oder Frust beim Essen sind von klein auf mit der Kultur, dem sozialen Umfeld, der Erziehung verbunden. Naturgegeben ist nur die Geschmackswahrnehmung. Sie beginnt mit dem Auge, das sich einen ersten Eindruck von der Speise verschafft. Die Geschmacksknospen der Zunge, der Mundschleimhaut und des Rachens übernehmen dann die Eingangskontrolle. Jede dieser nur wenige Hundertstel Millimeter großen Kuppen enthält bis zu 50 Sensoren, hochspezialisierte Sinneszellen, die übrigens nur etwa zehn Tage leben und dann ersetzt werden. Aus diesen ragt ein kleines Härchen wie eine Antenne heraus. Bleibt dort beispielsweise ein Zucker-Molekül hängen, wandeln sie diesen Geschmacksreiz in elektrische Impulse um. Über Nervenbahnen erfolgt die Weiterleitung der Impulse in bestimmte Gebiete des Nachhirns, von dort aus bis zur Großhirnrinde, dem Ort der Wahrnehmung, sowie zum limbischen System, das eine zentrale Rolle bei emotionalen Empfindungen spielt. Beim Schmecken sind also mehrere Hirnareale gleichzeitig aktiv, was erklärt, warum Essen mehr als nur Nahrungsaufnahme ist, warum wir manches ablehnen, anderes lieben. Es ist vor allem dieses Wissen, das die Industrie bei der Kreation neuer Produkte und der Planung entsprechender Werbestrategien nutzt – das Gehirn des Konsumenten wird programmiert.

Wenn die Leibspeise ihre Duftschwaden durch die Küche schickt, erzeugen Botenstoffe im Gehirn, die körpereigenen Endorphine, ein Gefühl von Wohlbehagen und Zufriedenheit. Das ist auch das Besondere beim Essen: Nase und Ohr sind ebenso beteiligt. Die Nase enthält Riechzellen, die an ihrer Oberfläche bestimmte Eiweiße, die Rezeptoren, tragen. Diese sind hochspezifisch. Zum Beispiel kann ein Vanille-Molekül nur mit einer bestimmten Art von Rezeptor Kontakt aufnehmen. Rund 10 000 verschiedene Gerüche kann die menschliche Nase unterscheiden – von Maiglöckchen über Apfelkuchen bis Angstschweiß. 1000 Riech-Gene sorgen für die Hardware, immerhin drei Prozent des menschlichen Erbguts. Mit 90 Prozent hat der Geruchssinn den Löwenanteil am Schmecken. Diese Zahlen belegen, wie wichtig das Geruchsorgan auch bei der Erkennung »genehmer« und »nicht genehmer« Nahrung ist. Ebenso wie der Geschmackssinn hat auch der Geruchssinn einen direkten Draht zum Gehirn, und zwar zu den Teilen, in denen Gefühle und Erinnerungen verarbeitet und Hormone gesteuert werden. Darin steht ihm das Gehör nicht nach. Wenn Cracker krachen und Sprudelzischen das ultimative Durstlöschen ankündigt, liefert es diese Information ebenfalls an das Denkorgan, das all diese Wahrnehmungen auswertet, mit Erinnerungen, Erfahrungen und Empfindungen abgleicht. Schmecken ist daher nicht allein eine Körperfunktion, sondern eine anspruchsvolle Tätigkeit, die sich kultivieren lässt. Kinder, die in einer verarmten Geschmackswelt leben, fasten geistig. Ihr Geschmackssinn entwickelt sich erst gar nicht.

Zu Beginn der Evolution bewahrte das Schmecken den Menschen vor einem verfrühten Tod. Bis heute ist es überlebensnotwendig geblieben, warnt es doch vor stark Saurem gleich Unreifem oder Verdorbenem, vor heftig Bitterem gleich Giftigem oder Unverdaulichem und vermeldet Süßes als perfekte Energie- und umami als kraftbringende Eiweißquelle. Zudem sprach der Körper Bände, wenn sein Stoffwechsel drohte, aus dem Ruder zu laufen: Nahrungsmittel mit saurem Geschmack signalisieren eine Regulationsmöglichkeit des Säure-Basen-Haushalts, Salzgeschmack spielt eine wichtige Rolle für den Mineralstoffhaushalt, denn nicht nur die Natriumionen des Kochsalzes werden als salzig wahrgenommen, sondern auch andere Ionen.

Von Natur aus ist der Mensch ein Allesfresser, Nahrung war in der Vergangenheit stets knapp. Wer sich allein auf Bewährtes verließ, drohte zu verhungern, wenn er nichts Neues ausprobierte. Und so fanden auch Meerrettich und Chili, Chicorée, Zitronen und Pampelmusen ihren Weg auf den Teller. Im Laufe der Jahrtausende hat sich Homo sapiens ein Imperium der Geschmacksvielfalt geschaffen – groß genug, um seine Nachkommen im Garten Eden der Buketts und Würzen wandeln lassen zu können.

Der verbogene Geschmack

Doch unsere Kinder haben das Schmecken verlernt. Eigentlich sollten die fünf Sinne ihre Fühler zur Welt sein. Zu schmecken, was man schluckt, gehört dazu wie Sehen, Hören, Tasten und Riechen. Von Geburt an perfekt gerüstet, verkümmert der Geschmack des Kindes im Laufe der Jahre. Schon zeitig beginnt die Prägung auf künstlich produzierte Nahrung. Frühe Geschmacksprägungen entscheiden über spätere Präferenzen, weiß man heute. Forscher des Monell Chemical Senses Center in Philadelphia haben einige Ernährungstests mit Babys unternommen. Sie teilten 53 Babys auf zwei Gruppen auf, von denen die einen normale milchbasierte Säuglingsnahrung, die anderen aus Eiweißhydrolysaten bestehende Mahlzeiten erhielten. Beide weisen alle notwendigen Nährstoffe auf und sind bestens geeignet zur Säuglingsernährung. Allerdings unterscheiden sie sich stark im Geschmack: die milchbasierte ist die milde, nach Getreide schmeckende Variante, die Eiweißhydrolysate dagegen die herbe mit bitter-saurem Geschmack. Nach etwa einem halben Jahr boten die Forscher den Milch-Babys die Hydrolysate-Nahrung an – aber diese verweigerten sich. Der Effekt zog sich durch das gesamte Kleinkindalter hindurch, und sogar als Vier- und Fünfjährige bevorzugten die Milch-Kinder eher süße, die Hydrolysate-Kinder dagegen aromatische und nicht süße Speisen. Lange bevor sie feste Nahrung zu sich nahmen, hatten sich Essgewohnheiten herausgebildet.[1] Geschmack ist nicht angeboren, sondern erlernt. Wie früh sich Vorlieben ausbilden, zeigt ein Experiment Münchener Sensorik-Forscher. Sie ließen 133 Erwachsene, die entweder als Säugling gestillt oder mit der Flasche aufgezogen wurden, von zwei Ketchup-Proben kosten. Eine davon war mit einer Spur Vanillin versetzt, einem Aromastoff, den Babykosthersteller bis vor wenigen Jahren Milchpulver beimischten. Unter den ehemaligen Flaschenkindern zogen zwei Drittel den Vanille-Ketchup vor, von den ehemaligen Brustkindern konnte nur ein Drittel dem aromatisierten Ketchup etwas abgewinnen. Indem sie es Tag für Tag mit der Nahrung aufnahmen, hatten sich die mit der Flasche aufgezogenen an das Aroma Vanillin gewöhnt, ein Phänomen, das in der Psychologie mit »Akzeptanz durch Wiederholung« bezeichnet wird. Psychologen nennen es den »More Exposure Effect«.[2] Das gleiche Problem tritt bei alltäglichem Konsum fertiger Produkte auf. Eingedampft auf einen verträglichen Allgemeinheitsgeschmack, versorgen sie die Masse. Natürlichkeit wird durch Künstlichkeit wettgemacht, der fehlende arttypische Geschmack durch Aromen, Zucker, Fett und Geschmacksverstärker ersetzt.

Die Lebensmittelindustrie bedient sich einer ganzen Reihe von technischen Finessen, um die Vorlieben der Kinder zu steuern:

– Chemische Tricks: viel Zucker, viel Fett, Geschmacksverstärker, Aromen (natürliche, naturidentische, künstliche), Lebensmittelfarbe, Konservierungsstoffe und Antioxidantien (gegen den Verderb), stimulierende Stoffe (Coffein, Alkohol), Verdickungsmittel (für das Mundgefühl, Binden von Schwebstoffen), Emulgatoren (für die Verbindung der Fett- mit der Flüssigphase), Stabilisatoren (erhalten Konsistenz/Zusammensetzung des Lebensmittels), Säureregulatoren …

– Technische Tricks: Durch den Typ der Haltbarmachung wird Frische vorgekaukelt (Schwefeln, Bestrahlen, Begasung, Wachsen usw). Durch den Typ der Verarbeitung (Garen, Frosten, Frittieren usw.) wird Einfluss auf den »Eindruck« eines Lebensmittels (optisch, akustisch, sensorisch) genommen. Das bei vielen Kindern äußerst beliebte Kartoffelpüree beispielsweise wird folgendermaßen kreiert: Die Kartoffeln werden geschält, geschnitten, vorgekocht, gekühlt, erneut gekocht, püriert, auf einen Walzentrockner aufgetragen und zu Flocken zerbröselt. Anschließend erhalten sie einen 10-prozentigen Zusatz teilgegarter Kartoffelstückchen. Diese werden zuvor in einer Hammermühle zerkleinert, die Fraktion zwischen einem und einem halben Millimeter ausgesiebt.

Tabelle 4
Zuckergehalt ausgewählter Lebens- und Genussmittel

Zwei Kugeln Eiscreme:	6 Stück Würfelzucker
0,33 Liter Cola:	12 Stück Würfelzucker
100 Gramm Schokolade:	17 Stück Würfelzucker
eine Flasche Ketchup:	23 Stück Würfelzucker
eine Tüte Gummibärchen (200 g):	49 Stück Würfelzucker
400 Gramm Nuss-Nugat-Creme (ein Glas):	87 Stück Würfelzucker

In Deutschland sind schätzungsweise 4500 verschiedene Aromen für Lebensmittel genehmigt. Es sind Aromen, die ein Lebensmittel charakterisieren – und die kindliche Geschmäcker beeinflussen. Die Industrie muss Aromastoffe zwar auf der Verpackung angeben, genaue Hinweise auf ihre Herstellung dagegen nicht. Wenn »Aroma« in der Zutatenliste steht, verbirgt sich dahinter ein physikalisch, chemisch, gentechnisch oder biotechnologisch hergestellter Geschmacksstoff. Grob betrachtet werden natürliche Aromen aus pflanzlichen oder tierischen Rohstoffen hergestellt, »natürlich« bedeutet nur, dass der Rohstoff aus Feld und Flur stammen muss. Naturidentische Aromen werden dagegen im Labor hergestellt und entsprechen in ihrem molekularen Aufbau den natürlichen. Künstliche wiederum entstehen ganz und gar zuerst am PC. Sie erlauben ganz neue, bislang unbekannte Nuancierungen. Knapp ein Viertel aller Lebensmittel sind hierzulande aromatisiert, darunter besonders viele Kinderprodukte. Von 244 Kinderlebensmitteln, die das Forschungsinstitut für Kinderernährung in Dortmund unter die Lupe nahm, traf das auf 80 Prozent zu, darunter fast alle Fruchtsaft- und Milchmischgetränke sowie Kakaogetränke. Selbst von den 62 Produkten, die für Ein- bis Dreijährige konzipiert sind, enthielten elf Aromen.

Nehmen wir das Paradebeispiel Erdbeerjoghurt. Die meisten Erdbeerjoghurts enthalten Fruchtzubereitungen, einen Mix aus

Wasser, Zucker, Verdickungsmittel und Fruchtpartikeln. In einer 18-prozentigen Fruchtzubereitung findet man nicht mehr als sechs Prozent Früchte – das ist, umgerechnet auf einen 250-Gramm-Becher, eine halbe Erdbeere. Wo der Geschmack auf der Strecke bleibt, muss logischerweise mit Zucker und Aroma nachgeholfen werden. Die Deklaration versinnbildlicht das Perfide: Das »natürliche Aroma« im Erdbeerjoghurt wird beileibe nicht aus frischen Erdbeeren gewonnen, sondern indem Schimmelpilze auf Weidenrinde wachsen. Für Eltern wie Kinder nicht Grund genug, auf Fruchtzwerge & Co zu verzichten. Im Gegenteil. Kinder, die über Jahre hinweg nur die knallbunten Becher aus dem Supermarkt auslöffelten, weisen angewidert jeden selbst gemachten Joghurt weit von sich. Obwohl mit echten Früchten zubereitet, erkennen sie darin Banane, Pfirsich, Kirsche oder Erdbeere nicht wieder. Wer nur den Geschmack eines »Erdbeer«-Joghurts kenne, sei vom natürlichen Geschmack einer Erdbeere regelrecht enttäuscht, konstatierte das Technologie- und Transferzentrum Bremerhaven in einer Untersuchung.

Selbst die bei den Jüngsten so heiß geliebten Pommes kommen ohne technische und chemische Tricks selten aus. McDonald's frittierte in den USA seine Pommes frites jahrzehntelang in einer Mischung aus sieben Prozent Sojaöl und 93 Prozent Rindertalg. Das gab den Kartoffelstäbchen ihren besonderen Geschmack – und mehr gesättigtes Rinderfett pro Gramm als ein McDonald's Hamburger. Wegen der heftigen Kritik am hohen Cholesteringehalt der Pommes wechselte McDonald's 1990 zu reinem Pflanzenfett. Der Wechsel war nicht einfach zu bewältigen, zumal ein Problem im Raum stand: Wie stellt man Pommes frites her, die dezent nach Rind schmecken, ohne dass sie mit Rindertalg in Kontakt kommen? Die Zutatenliste offenbart den Kunstgriff. McDonald's US-Pommes sind aromatisiert.[3]

Aromen betrügen Nase und Zunge. Sie gaukeln vor, was die Werbung verspricht und das Produkt selten hält: Fruchtigkeit, Natürlichkeit, Ursprünglichkeit, Herzhaftigkeit. Mit ihrer Hilfe können die Lebensmittelhersteller ihrer Marke einen ganz eigenen Stempel aufdrücken, ein typisches Geschmacksprofil erschaffen – mit dem

Kalkül, nicht nur neue Kunden zu gewinnen, sondern alte zu binden. Das System ist so ausgeklügelt wie raffiniert. Knallige Aufmachung, Sammelkarten oder bekannte Figuren auf der Verpackung ziehen Kinderaugen magisch an, beim Öffnen entströmt ein Geruch, der das Unverwechselbare repräsentiert und den die Zunge bestätigt. Das Gehirn registriert die Botschaft: Spaß – Duft – Süß! Und legt alle Eindrücke als positive Erinnerung ab. So ist der Geschmack von Kinderprodukten à la »Caprisonne« durch robuste Schaltkreise direkt mit guten Gefühlen verknüpft – der sehr viel weniger intensive von frischem Obst dagegen nicht.

Fehlgeschmack und Fehlernährung

Der Gesetzgeber hat den Begriff »Aroma« weit gefasst, und der Schmusekurs zur Lebensmittelindustrie zeitigt Erfolg. Der Markt mit Kinderprodukten boomt. Das Nachsehen hat die Gesundheit. Weil Aromen erfolgreich in der Tiermast als Appetit-Anreger eingesetzt werden, liegt es nahe anzunehmen, dass sie als solche auch beim Menschen wirken. Fette Kinder, die sich alles schmecken lassen, aber nichts mehr schmecken? Natürlich fehlt es an Untersuchungen zu Langzeitfolgen und Wechselwirkungen mit anderen Stoffen. Aber besorgte Eltern dürfen schon fragen: Warum nehmen Allergien bei Kindern so rasant zu? Liegt es allein am Reinlichkeitswahn der Deutschen, oder macht auch die täglich konsumierte, geschönte und stilisierte Industriekost krank?

Auf künstlichen Geschmack getrimmte Kinder verlieren beizeiten den Appetit auf Äpfel und Erbsen. Von klein auf entsprechend angefüttert, werden sich ihre Vorlieben kaum mehr hin zum natürlichen, selbst gekochten Essen entwickeln. Eine Studie der Universität Gießen belegt, dass sogar Senioren noch an Ernährungsgewohnheiten festhalten, die sie in ihrer Jugendzeit übernommen hatten. Doch wer nie differenziert schmecken gelernt hat, kann sich auch nicht gesund ernähren.

Die Spirale der Fehlernährung dreht sich weiter, wenn man bedenkt, wie in modernen Familien gegessen wird. Gemeinsame Stun-

den sind begrenzt, jeder hat zu tun, der Trend zum schnellen Essen
hält an. Auch das treibt die Kinder in die Arme der Industrie. Raus
aus der Tiefkühltruhe, rein in die Mikrowelle, rauf auf den Teller;
Tüte auf, Wasser dazu, kurz aufkochen, fertig. Die Instantgenerati-
on kennt kaum mehr, was es heißt, gemütlich zusammen bei Tisch
zu sitzen, zu reden, es sich schmecken zu lassen. Berührungspunkte
der Familie werden verkleinert; die früher so selbstverständliche
wie logische Abfolge von Zusammen-Einkaufen, -Zubereiten und
-Essen ist auf eine halbe Stunde dezimiert. Größere Kinder essen
nach der Schule, Erwerbstätige nach der Arbeit – oft allein. Der
Trend gegen die Familienzeit hält ununterbrochen an. Schon im
Jahr 1976 beklagte der Ernährungsbericht, dass nur noch 15 Prozent aller Familien sich zu allen Mahlzeiten um den Küchentisch
versammelten. Insbesondere die Hauptmahlzeit, das Mittagessen,
hat eine massive Wandlung erfahren. Im günstigsten Fall hat sie
ihren Status an das Abendessen abgegeben: Glücklich die Kinder,
die mit ihren Eltern und Geschwistern eine allabendliche Mahlzeit
einnehmen. Viele Befragungen zeigen, dass die Tradition gemeinsamen Essens bröckelt. Die Zahl der Kinder wächst, die nicht einmal an den freien Wochenenden mit ihren Eltern zusammen speisen, geschweige eine gemeinsame Mahlzeit pro Tag mit ihnen
einnehmen. Nebenbei beköstigen ist in, gestillt wird der Hunger,
wenn er verspürt wird. Nur noch wenige warten auf die Familienmahlzeit. »Snacking« ist die Alternative: portionierte Gratins, Mini-
pizzen oder Quiches, in wenigen Minuten in der Mikrowelle fertig
zubereitet. Gegessen wird vor dem Fernseher, mit einer Zeitung,
einem Buch oder einer Illustrierten bei Tisch, während das Radio
oder der CD-Player dudelt. Für viele ist Essen in der Familie zum
Einwerfen von Nahrung mutiert. Es ist ein notwendiges Übel geworden, um dem Körper genügend Energie zu liefern, eine lästige
Beschäftigung, die vom Spaß des Lebens ablenkt.

    Von Kindern, die morgens aus dem Bett in ihre Sachen schlüp-
fen, um schlaftrunken und ohne Frühstück im Kindergarten zu erscheinen, können Erzieherinnen ein Lied singen. Zugunsten einer
halben Stunde Mehrschlaf für die Eltern bricht der Tag hektisch
über den Nachwuchs herein. Um den ersten Anflug von Hunger zu

stillen, wird unterwegs noch schnell beim Bäcker gehalten – das Brötchen in der Tüte anstelle der Tasse Kakao und eines Gesprächs über Träume und Erwartungen an den neuen Tag.

Dabei konstatierte die Deutsche Gesellschaft für Ernährung Erstaunliches über die wachsende Liebe der Deutschen zur Mahlzeit und belegt das anhand von Zeitbudgets. Demnach nimmt sich jeder im Durchschnitt rund eine Stunde und 40 Minuten Zeit zum Essen. Das sind immerhin 21 Minuten mehr als noch Anfang der 1990er Jahre. Davon entfallen durchschnittlich rund eine Stunde und 25 Minuten auf Mahlzeiten zu Hause und 17 Minuten auf den Außer-Haus-Verzehr. Nur das Wie steht auf einem anderen Blatt. Die Zahlen sind für ganz Deutschland belegt, inklusive der zunehmenden Single-Haushalte und abnehmenden Kinderzahl pro Familie. Convenience-Produkte sparen das, was heute am kostbarsten zu sein scheint: Zeit. Besondere Kenntnisse über Nahrungsmittel und ihre Zusammensetzung, geschweige über ihre Zubereitung sind nicht mehr nötig. Convenience-Produkte machen satt und befriedigen sämtliche geschmacklichen Ansprüche von gutbürgerlich über asiatisch und mexikanisch bis hin zu indisch. Inkompetenz im Kochen wird nicht als Makel empfunden, sondern als Tugend des modernen Menschen. Preise sind der Maßstab für die Güte der Mahlzeit.

In der Regel entscheiden die Kinder über das Essen der Familie. Was den Kindern nicht schmeckt, kommt entweder gar nicht auf den Tisch, oder – bei Eltern mit etwas mehr Sinn fürs Gesunde – gut verborgen: Fisch nicht pur, sondern in eine dicke Panade gehüllt, Gemüse in Burgern oder Teigtaschen versteckt, Milch im Kartoffelbrei unkenntlich gemacht, Fleisch mit Ketchup statt mit selbst gekochter Soße. Nach der Präferenz des Kindes setzt sich die Einkaufsliste zusammen – Hauptsache, kein Mäkeln verdirbt den gemeinschaftlichen Appetit. Viele Eltern, erwachsen gewordene Konsumkinder, bevorzugen selbst den Einheitsgeschmack vom Band. Auch fordert die Spaßgesellschaft Lässigkeit im Umgang mit dem kleinen Esser. Bei den Tischregeln gelten allerhöchstens Mindeststandards. Die Zeiten sind längst vorbei, da der Knirps stillsitzen und wenigstens eine Minimalportion aufessen musste, nicht kippeln und erst dann aufstehen durfte, wenn alle fertig waren. Es gilt nicht mehr als unschicklich, wenn er in die Butter grapscht, um die Konsistenz zu testen, die Konfitüre mit Daumen und Zeigefinger rührt, um darin eine Kirsche zu ergattern, oder gar aufstößt, weil ja rausmuss, was rauswill. Schließlich soll das Kind Vergnügen, und nicht Zwang, beim Essen erfahren. Die Familienmahlzeit wird mehr und mehr zur Familienzeit, ein kommunikatives Event für Kind und Eltern. Und tatsächlich wächst die Zahl der Kinder, für die das Abendbrot die einzige halbe Stunde ist, in der sie einige Sätze mit ihren Eltern wechseln können.

Die Botschaft macht das Lebensmittel

Darüber hinaus lernen Kinder von klein auf, Lebensmittel anders wahrzunehmen als nur über das Befriedigen von Hunger und Durst. Moderne Lebensmittel transportieren Botschaften, leicht verdauliche Kost der Nahrungsgüterindustrie, in appetitlichen Häppchen gereicht. Die Einflussnahme beginnt früh. Mit quietschbunten Verpackungen, die Lieblinge aus TV und Gameboy gecovert und bespickt mit allerlei Sammelutensilien, werden die Kinderherzen im Sturm erobert. Den Erstkauf bestimmt die Verpackung, den Folgekauf der Geschmack. Geködert mit der dreisten Behauptung, den Kindern »eine Extra Portion Milch« zu liefern, besonders gesunde Frühstückscerealien für einen guten Start in den Tag oder »das Ernährungsplus« zu verschaffen, werden Eltern und Großeltern für die Besorgung des Nachschubs animiert. Mehr als ein Drittel aller Mütter und Väter glauben, »Kinderlebensmittel« seien besonders gut für ihre Sprösslinge geeignet, fand die Verbraucherzentrale Nordrhein-Westfalen in einer Untersuchung heraus. Dabei täuschen die subtilen, gesundheitsbezogenen Werbeslogans darüber hinweg, dass es sich bei den Produkten in der Mehrzahl nicht um Lebensmittel, sondern um Naschereien handelt. Entworfen am Reißbrett der Marketing- und Entwicklungsabteilungen, haben sie mit einem gesunden Lebensmittel nichts mehr gemein: Sie sind unausgewogen und enthalten neben einer Unmenge an Fett und Zucker künstliche, unnötige und sogar bedenkliche Zusatzstoffe. Wegen ihrer mangelhaften Nährstoffzusammensetzung sind sie nicht einmal als Zwischenmahlzeit geeignet; wer sie regelmäßig in den Speiseplan einbaut, erschwert eine gesunde Ernährung und begünstigt die Entwicklung von Übergewicht und Karies, urteilt unter anderem die Arbeitskammer Wien in einer Studie.[4] Zu den Klassikern und Favoriten unter den Lebensmitteln und Süßigkeiten zählen nach wie vor folgende Marken und Produktgruppen:

– Nutella (»pflanzliche Zutaten wie Haselnüsse«, »das Beste aus entrahmter Milch«) von Ferrero ist alles andere als gesund. Das Produkt enthält etwa 54 Prozent Fett und 31 Prozent Zucker. In einem 400-Gramm-Glas stecken neben Aromen lediglich 50 Gramm Haselnüsse (13 Prozent) – das sind 17 Stück. Bei jedem Aufstrich kommen also nur wenige Krümel davon aufs Brot. Mit dem Milchgehalt sieht es nicht besser aus. 30 Gramm Magermilch pro Portion können zur Calciumversorgung des Kindes kaum beitragen.

– Fruchtzwerge von Danone (»so wertvoll wie ein kleines Steak«) & Co: In einem 50-Gramm-Becher stecken 3 Stück Würfelzucker, insgesamt 15 Prozent – ein Fünftel der empfohlenen Tagesmenge Zucker für ein sechsjähriges Kind.

– Milch-Schnitte (»modernes Sandwich«: »frische Vollmilch und das Beste aus Eiern und Butter«) oder hanuta (»ein echtes Stück Pause«) von Ferrero: Sie enthält nur einen Esslöffel Milch. Ein Kind müsste 17 Stück davon essen, wollte es die Menge Calcium aufnehmen, die 0,2 Liter Milch enthalten. Dann allerdings hätte es etwa 2200 Kalorien zu sich genommen. Urteil: nicht geeignet als Zwischenmahlzeit.

– Kinder country (»reichhaltige Milchfüllung«) und Kinder Schokolade (»extra Portion Milch«) von Ferrero: Sie sollen Eltern suggerieren: Damit naschen eure Kinder gesund. Doch Fett und Zucker sind auch hier die wichtigsten Zutaten, Gesundes ist nur marginal enthalten.

– (Corn-)Flakes, Pops und andere »Frühstückscerealien«: Hier werden im Wesentlichen Mehl, Zucker und Wasser unter Zusatz von Aroma- und anderen Zusatzstoffen in kindgerechte Formen gepresst (»Cerealien« heißt übersetzt nichts anderes als »Getreide«). Um ein Gesundheitsimage zu konstruieren, mischen Hersteller solchen Produkten Vitamine unter. Laut Stiftung Warentest enthalten manche »Frühstückscerealien« eine 300 Prozent höhere Vitaminmenge, als auf der Verpackung angegeben. Der Grund: Einige Vitamine zerfallen während der Lagerung; damit sie gegen Ende der Mindesthaltbarkeit noch in der ausgewiesenen Menge vorhanden sind, werden sie nach dem Gießkannenprinzip zugesetzt.

Kombiniert das Kind verschiedene andere angereicherte Produkte, ist schnell das ernährungsphysiologisch sinnvolle Limit überschritten. Ein Becher Bauer-Kinderjoghurt, eine Portion Hipp-Knusperflakes und zwei Miniwürstchen von Stockmeyer weisen beispielsweise zusammen bereits mehr als 100 Prozent des Vitamin-E-Tagesbedarfs eines Siebenjährigen auf. Weil das allein nicht satt machen kann, nimmt das Kind über den Tag hinweg mit den anderen Mahlzeiten mehr davon auf, als ihm gut tut – zusätzlich zu (Un-)Mengen an Zusatzstoffen, wie sie typischerweise in den stark verarbeiteten »Kinderlebensmitteln« vorkommen. Was eine Überversorgung mit künstlich zugesetzten Vitaminen und ein Zuviel an Zusatzstoffen im kindlichen Organismus anrichten kann, ist bis heute nicht abschließend geklärt. Mediziner diskutieren Magen-Darm-Probleme, Hautausschläge, Asthma, eine höhere Infektanfälligkeit und ein gestörtes Knochenwachstum.

Träume von der Punica-Oase

Die Rechnung von der Zucht fügsamer Konsumkids geht auf. Umnebelt von den Versprechen der Industrie, den Kindern etwas Gutes zu tun, zücken viele Eltern willfährig ihre Brieftasche. Konsumverwahrloste Kids haben und bekommen alles, was sie wollen – bis auf Zuwendung und Zeit. Sie wissen nicht, was ihnen fehlt, aber sie gleichen aus, woran es ihnen mangelt. Während sie mit der permanenten Zurückweisung ihrer Eltern aufwachsen müssen (»Jetzt nicht!«, »Du siehst doch, dass ich nicht kann.«), basteln sie sich ihre eigene heile Welt. Stets verfügbar sind die Träume, die die Lebensmittelindustrie verkauft, ebenso wie ihre Produkte. Was liegt also näher, als sich mit einem Schluck in die Abenteuer verheißende Punica-Oase zu katapultieren oder darüber zu sinnieren, wie sich die Klassenkameraden um die Tüte Monster Munchs scharen werden, die man morgen in der Pause präsentieren wird. Wenn schon nicht im richtigen Leben, so sind die Kinder wenigstens in der Werbung Helden. Das Glück durch Konsum danken sie auf unbewusste und kategorische Weise: Sie setzen ihre Eltern unter Druck; gekauft wird, was sie kennen. Moderne Lebensmittel sind wie Kleidung. Sie transportieren Gefühle und Ansichten über die Welt, sind cool, vermitteln Gruppenzugehörigkeit, garantieren Selbstfindung und Orientierung.

Für Kinder hat Nahrung längst nichts mehr mit dem zu tun, woraus sie besteht. Für sie ist ebenso undurchschaubar wie unerheblich, was die Bulette mit einer Kuh und der Keks mit Getreide zu tun hat. Hochgradig verarbeitet und ausufernd verpackt, gelangen die Lebensmittel in den Handel. Das ursprüngliche Lebensmittel darin ist unsichtbar geworden. Kommerziell präsentiert, sind sie Teil einer künstlichen Gesamterscheinung, die für Kinder ganz normal geworden ist. Nichts Essbares hat mehr Bezug zum Lebendigen, Essen entgleitet auch physiologisch den Sinnen der Kinder. Zu wissen, dass Getreide in einer Ähre und eine Erbse in einer Hülse wächst, gehört nicht mehr zum Repertoire heutiger Kinder. Kartoffelbrei kommt eben aus der Tüte, mit den Knollen, die, ausgegraben, gewaschen, geschält, gekocht und schließlich mit Butter und Milch zerstampft werden müssen, hat er nichts mehr gemein. Die Zahl derer wächst, die keine Ahnung davon haben, wie selbst zubereitetes Essen schmeckt – ein Kuriosum, das in allen Überflussgesellschaften der westlichen Welt zu finden ist. In Italien gibt es bereits ein Unterrichtsfach rund um das Genießen. Eine eigene Organisation, die sich den Erhalt regionaler Esskulturen auf die Fahnen geschrieben hat, wurde von der Regierung beauftragt, ein Erziehungsprogramm über Nahrungsmittel, Genuss und gutes Essen für die Schulen aufzubauen. Auch der Blick nach Finnland lohnt. Die Kinder im hohen Norden haben nicht nur wesentlich besser bei den PISA-Tests abgeschnitten als die deutschen, sie lernen das Kochen in der Schule als reguläres Unterrichtsfach – sogar benotet, versteht sich. Hierzulande mühen sich Erzieher und Pädagogen in Eigeninitiative und mit Unterstützung von außerhalb, dem Nachwuchs Geschmack beizubringen. Was die Eltern versäumen, sollen Vertreter von Gesundheitsämtern, Ernährungsberaterinnen und -wissenschaftlerinnen ausgleichen. Sogar Spitzenköche tingeln von Schule zu Schule, von Kindergarten zu Kindergarten, wie die der Eurotoques-Stiftung. Sie hat sich auf die Fahnen geschrieben, das assimilierte Volk der Esser zu bewussten Verbrauchern auszubilden, die Wert auf natürliche Lebensmittel legen. Denn die Vorbildwirkung anderer für Kinder ist nicht zu unterschätzen. Wenn Kinder lustlos im Essen stochern, an der Mahlzeit mäkeln oder Gemüse verweigern, hat das meist einen Grund: Sie orientieren sich an den Bezugspersonen – an Eltern, Geschwistern, Spielkameraden oder Erziehern.

Tricks

Eine Warenwelt mit Nachschubgarantie, millionenschwere Image-kampagnen und ausgeklügelte PR-Feldzüge hinterlassen ihre Spu-ren in den Gehirnen unserer Kinder. Doch den Herstellern für all die negativen Effekte wie Konsumsucht und Drogenmissbrauch, Übergewicht, Lernschwierigkeiten, soziale Inkompetenz und gra-vierende Persönlichkeitsmängel der jungen Generation die Allein-verantwortung zu geben ist ebenso unangebracht wie realitätsfern. Kinder leben in einer Gesellschaft, die sich Egoismus und Egozen-trik auf die Fahnen geschrieben hat und die Selbsterfüllung am Um-fang des Geldbeutels und an der Menge des Besitzes misst. Konfor-mismus, Sattheit und mangelnde Wahrnehmungsfähigkeit sind die herausragenden Eigenschaften des modernen Erwachsenen. Eltern sind Erwachsene, und Kinder sind geborene Nachahmer. Ihre ers-ten Lehrer sind die Eltern, Sozial- und Konsumerfahrungen ma-chen sie zuallererst in der Familie.

Eltern sind nicht machtlos, sie können etwas tun. Eine der span-nendsten Studien, die das belegt, publizierte das angesehene Fach-blatt Journal of Communication.[1] Die mittlerweile legendäre Arbeit ging nämlich der Frage nach, ob die Kommentare von Müttern die Kaufwünsche ihrer Kinder beeinflussen können, wenn sie sich die Werbespots im Fernsehen gemeinsam ansehen. Die Wissenschaftler teilten acht- bis zehnjährige Kinder in verschiedene Gruppen ein. Ein Teil sah alleine fern, ein zweiter Teil und dritter Teil mit ihren Müt-tern. Die letztgenannten unterschieden sich durch die Kommentare, die die Mütter während des Fernsehens zu den beworbenen Spielzeu-gen abgaben. Während ein Teil der Mütter das Gesehene durchweg negativ bewertete und als »unnütz« beschrieb, erläuterte die andere

Fraktion ihrem Nachwuchs, dass Werbung die Dinge meistens anders darstellt, als sie in Wirklichkeit sind. So seien die Spiele, die so toll dargestellt würden, in Wirklichkeit weitaus weniger spannend und längst nicht so gut, wie man es angesichts der Werbung erhoffen könnte.

Die Ergebnisse der Studie faszinieren und sagen viel über die Einflussmöglichkeiten der Eltern aus: Die Kinder dachten tatsächlich um – wenn ihnen die Absicht der Werbung verständnisvoll nahe gebracht wurde. Zwar erhöhte sich die Kaufbereitschaft für die Spot-Produkte in allen drei Gruppen. Allerdings wählte die Gruppe der »aufgeklärten« Kinder im Vergleich zu den Alleinguckern und zu den Kindern mit den kategorisch ablehnenden Müttern viel lieber Alternativen aus: Spielsachen, die ihnen gefielen und die nicht in den Spots zu sehen gewesen waren.

Ein vernünftig argumentierender elterlicher Stil kann demnach eine Menge bewirken, um die subtilen Marketingstrategien mit Zuspruch wenigstens aufzuweichen – ganz auflösen konnte sie diese jedoch nicht. Bei besonders hipper Werbung versagten nämlich die Argumente der Mütter; je schriller, je cooler und je direkter die Spots, umso schwerer wurde es ihnen, die Effekte auf ihre Sprösslinge zu neutralisieren.

Die Forscher wollten auch wissen, ob Kinder Werbung dazu nutzen, um die Entscheidungen der eigenen Familie zu beeinflussen. Hier zeigte sich, dass schon Vorschulkinder, die alleine Werbung sehen, die Botschaften nutzten, um Mama, Papa oder die Großeltern zum Kauf zu drängen. Die Kinder entpuppten sich als hervorragende Kenner »ihrer« Erwachsenen – sie konnten sie perfekt lenken.

Die Studie liefert zwei wichtige Erkenntnisse: Wenn Werbung nicht vermieden werden kann, sollten Eltern ihre Kinder den Spots und Anzeigen nicht alleine aussetzen. Und sie sollten ihnen einfühlsam begreiflich machen, dass Sein und Schein zwei verschiedene Paar Schuhe sind. Zum anderen empfehlen die Wissenschaftler die Aufstellung klarer Regeln für den multimedialen Konsum. Auf diese Weise beschneiden Eltern die alltägliche Präsenz in den wichtigen Marketingplattformen TV, Internet oder Multimedia.

Diese Regeln sind so simpel wie effektiv – und werden trotz alledem kaum befolgt. Nur ein Drittel aller Eltern sitzt beispielsweise gemeinsam mit den Kindern vor dem Fernseher, ausgerechnet bei Vorschulkindern und Grundschülern ist der Anteil noch geringer, weil die meisten Sendungen zwischen 17 und 19 Uhr laufen – gerade dann, wenn Mama oder Papa mit anderen Dingen beschäftigt sind.

Der gekonnte Umgang mit dem Internet

Nicht minder wichtig ist die sorgsame Kontrolle des Internet-Umgangs, denn hier lauern ganz andere Gefahren, die es im Interesse der Kinder zu umschiffen gilt. Als Kid-Communities getarnte Plattformen der Konsumgüterindustrie locken die Kinder zu oft in Chaträume und versprechen dort den Kontakt zu Gleichgesinnten. Auf den ersten Blick eine nette Art, Online-Bekanntschaften zu knüpfen. Bestenfalls wartet am anderen Ende tatsächlich ein Gleichaltriger – nicht selten aber ein als Kind getarnter Pädophiler oder ein Mensch mit kriminellen Neigungen, der Unwissenheit und Naivität der Kinder auszunutzen weiß. Kinderschutzprogramme großer Softwarehersteller blockieren wirkungsvoll obszöne und pädophile Sites.

Kinder sind neugierig. Sie nutzen wie Erwachsene im Internet alle Optionen, chatten, mailen, surfen. Weil sie im Internet auch Antworten auf ihre Fragen finden, nutzen sie das Netz neben Freunden, Eltern und Büchern als Informationsmedium. Daneben bietet es reichlich Spielraum – im wörtlichen Sinne. Online-Spiele sind bei Produktanbietern sehr beliebt, um die Aufmerksamkeit der Kinder zu fesseln. Daneben treffen junge Surfer auf Unmengen an Werbung. Hersteller von Süßigkeiten und Spielzeug, Nahrungsmittelproduzenten, aber auch Fernsehsender und Buchautoren sind im Netz präsent, um das eigene Produkt an das Kind zu bringen. Die Vorgehensweisen unterscheiden und überlappen sich. Zum Beispiel bietet »Ronald McDonald« Spiele zum Herunterladen, Kellogg's lockt mit Quiz und Funsite, bei Milka sollen sich die Kinder in der Kuh-munity geborgen fühlen … Das Netz ist nicht nur kom-

merzialisiert, es ist geradezu mit Werbung gespickt. Selbst gemein-
nützige Seiten sind nicht immer werbefrei; beim Abruf kostenloser
Dienstleistungen, wie zum Beispiel einem Gästebuch, werden Wer-
bebanner eingeblendet. Das unternehmerische Kalkül liegt nahe.
Als entwicklungsfähiger Baustein im Medienverbundsystem hat
sich das Internet ebenso als Werbeplattform etabliert, wie sich Kinder – akzeptiert von der Gesellschaft – zu einem Marktfaktor entwickelt haben. Sie vor allzu viel Werbung im weit gespannten Netz
(schätzungsweise 17,4 Milliarden Seiten in 2005) schützen zu wollen ist aussichtslos. Das Geschäft hat dem Internet längst die Zähne
ausgebrochen, seine Anarchie gezähmt, glaubt das Deutsche Jugendinstitut: Spätestens seit öffentlich wurde, dass Computer mit
dem Prozessor des Typs Intel Pentium III serienmäßig mit »Raum«
für Personenprofile und Wirtschaftsspionage ausgestattet sind, sei
klar, dass die Kommunikation im globalen Netz auch an die politische Leine gelegt werden könne.[2] Kinder müssen daher die Gefahren des kommerzialisierten Web einschätzen lernen und sich ein
Wissen über Ziel und Wirkung von Werbung aneignen – mit dem
Risiko von Rückschlägen. Logische Konsequenz muss daher sein,
dass verantwortungsbewusste Eltern entsprechenden Offerten
selbst widerstehen und den Kindern Seiten vorschlagen können,
die sie für sinnvoller erachten. Die Seite des Kinderkanals KiKa.de
beispielsweise glänzt durch ein gut gestaltetes inhaltliches Programm. Auf Chaträume für Kinder verzichtet KiKa bewusst und
umgeht auf diese Weise von Anfang an Risiken für ihre Userklien-
tel. Trotzdem können sich die Kids en vogue fühlen, wenn sie KiKa
im Internet besuchen: Die Option mailcards erlaubt den Versand
witziger, elektronischer Postkarten an Freunde, ohne dass dabei eigene Personalien angegeben werden müssen.

ANDERS! ist cool – einige Beispiele

Freunde und Bekannte sind wichtige Multiplikatoren bei der Verbreitung der Werbebotschaften und damit unentbehrlich für die
Produktbindung. Was Kinder bei ihren Freunden sehen, wollen sie

früher oder später haben, erst recht, wenn es sich um massiv beworbene Marken handelt. Geradezu klassisch ist der Run auf Kartenspiele wie Pokémon. Zwar verstehen die meisten gar nicht, nach welchen Regeln das Spiel funktioniert (zumal sie nicht die englischen Bemerkungen auf den Karten übersetzen können). Selbst die Erwachsenen outen sich als völlig ahnungslos. Doch die Spiele sind derart »in«, dass Eltern nächtliche Ebay-Sitzungen absolvieren, um die neuesten und besten Spielkarten für ihren Nachwuchs zu ergattern.

Was vor zwanzig Jahren noch als »Quartett« die Kinder erfreute, gilt heute als antiquiert. Das Gegenteil zu beweisen wäre einen Versuch wert. Zu spielen, was man versteht, dürfte eigentlich Anreiz genug sein. Uno, Mao Mao oder Spiele wie »Mensch ärgere dich nicht« können so eine unerwartete Wiederauferstehung feiern. Natürlich setzen die klassischen Spiele voraus, dass Eltern sich die Zeit für ihre Kinder nehmen. Das marketinginduzierte coole Image à la Pokémon ließe sich somit entzaubern – für den Preis einer Stunde elterlicher Zuwendung.

Die Gegenstrategie kann auch im Sport funktionieren. Kinder brüsten sich gern mit dem, was sie besitzen, gewinnen sie doch Aufmerksamkeit und Ansehen, wie sie meinen. Wenn ein Knirps sich mit seinen Markenturnschuhen ins Zeug legt, um sein Outfit zu preisen, müssten die anderen stark genug für eine schlagfertige Erwiderung sein: Kann er denn mit Adidas an den Füßen auch schneller laufen? Im wahren Leben zählen vor allem Puste, Kraft und Ausdauer. Spätestens wenn der Knirps gegen einen Sandalenläufer verliert, ist der Glorienschein um den Edeltreter verloschen.

Ein drittes Beispiel. Harte Jungs lieben Actionfiguren, spacige ferngesteuerte Autos und Karate-Computerspiele. Selbstverständlich muss die medial errungene Gewandtheit auf dem Schulhof dargeboten werden – als Test an einem Mädchen, damit auch nichts schief geht. Wild fuchtelnd geht der Junge auf das Mädchen los, flankiert von seinen Kameraden, die das Ereignis mit Johlen und Anfeuerungsrufen auf die Spitze treiben. Doch statt des erwarteten Sieges landet der Junge unsanft auf dem harten Betonboden. Das Mädchen hat zwar keinerlei Erfahrungen mit Computerkämpfern, wohl aber einen real-existierenden gelb-weißen Gürtel in Jujutsu. Die japanische Kampfsportart absolviert es zusammen mit anderen Kindern ihrer Altersklasse im Verein. Dort hatten die Kinder von ihrem Trainer den Umgang mit dem Erlernten geübt: niemals angreifen, sich aber stets verteidigen.

Joghurt für alle

Kinder sind verrückt nach Süßem – und so gebärden sie sich auch. Hersteller wissen, was dem Nachwuchs schmeckt, und stopfen in alles, was auf Kindertellern landen könnte, Zucker über Zucker. Eltern, die im Supermarkt unbemerkt an den Süßigkeiten vorbeisteuern konnten, erleben bei ihrer Suche nach einem Käse fürs Frühstück ihr blaues Wunder. Im Kühlregal entdeckt der Sprössling so vieles, was er aus der Werbung, von Klassenkameraden und Spielgefährten kennt: Yoco-Fruchtinseln, Happy Joghurts, Käptn Kuck, Knisterspaß oder Frufo Kinderquark, Monster Backe und viele andere mehr, allesamt Milchprodukte, eigens für sie kreiert. Der Blick auf die Zutatenliste lehrt Eltern zwar das Schaudern, hält den Nachwuchs aber nicht vom Betteln ab.

Dabei wäre es so einfach, Kindern von klein auf Spaß am natürlichen Geschmack zu bereiten, indem sie Früchte quetschen oder schnippeln, den Joghurt und den Zucker in die Schüssel rühren dürfen. Selbstgepflücktes, Supermarktware oder tiefgekühlte Früchte eignen sich gleichermaßen, das Zubereiten des eigenen Fruchtjoghurts ist ein Vergnügen für erkundungsfreudige Kinder. Mit ein wenig Erfindungsgabe wird auf diese Weise aus der innerhalb weniger Minuten fertigen Nachspeise ein »Schmetterlingsjoghurt«, ein »Veilchenjoghurt« oder ein »Mausjoghurt«, entsprechend der Interessenlage des Kindes vielleicht sogar ein »Klinsmann-Joghurt«, ein »Polizei-Joghurt« oder ein »Bibi-Blocksberg-Joghurt« – Variationen, die sich durch die jeweilige Fruchtart darin unterscheiden. Phantasienamen für Speisen machen den Kindern erstaunlich viel Appetit, eine altbekannte Weisheit der Marketingexperten. So lassen sich die Konsumkid-Macher mit ihren eigenen Waffen schlagen: Das Schlichte spannend und attraktiv darzustellen entzaubert die Werbebilder schneller als gedacht.

Positive Ansätze dieser Art finden sich mittlerweile in vielen Kindergärten und Grundschulen. Der Besuch einer Gesundheitsberaterin des heimischen Gesundheitsamtes versetzt viele Kinder, deren Eltern sich über die heimische Kost keine grauen Haare wachsen lassen, in Erstaunen. Die Wirkung von koffeinhaltigen Cola-Getränken können Eltern eindrucksvoll demonstrieren, indem sie ein Stück frisches Fleisch über Nacht in ein Glas Coke tauchen. Schon am Morgen danach wird das ehedem rosige Stück aus einer zerfledderten, abstoßenden Masse bestehen, weil die in Colagetränken enthaltene Phosphorsäure das Fleisch zersetzt. Die Vorstellung, das Getränk könne bei entsprechender Dosis auch das Gleiche mit den eigenen Magenwänden anstellen, schreckt auch die Hartgesottensten unter den Junk-Food-Fans.

Solche Tricks setzen ein Umdenken der Eltern voraus. Erst der eiserne Wille, seine Kinder vor dem übermäßigen Konsum des Beworbenen zu schützen, bringt am Ende den erhofften Erfolg. Der Preis, den Eltern dafür bezahlen müssen, ist mitunter hoch: Nicht selten werden sie erkennen, dass sie selbst »kleine Wunschmaschinen« waren und dass sich das Wohlgefühl des Kaufens tief in das Belohnungssystem ihres Gehirns gegraben hat.

Wie gut zu wissen, dass das menschliche Gehirn ein Leben lang lernfähig bleibt.

Tipps

»Wenn du dein Kind nicht liebst, erfülle ihm jeden Wunsch.«

Fernsehen

Kein unkontrollierter Fernsehkonsum. Zeiten begrenzen:

Jahre	Empfohlener TV-Konsum	Tatsächlicher TV-Konsum
0 – 2	20 Min.	58 Min.
3 – 5	30 Min.	75 Min.
6 – 9	60 Min.	92 Min.
10 – 13	90 Min.	108 Min.

– Jede Sendung der Kinder selbst einmal anschauen, auch die, die in Kindergarten und Schule in sind, aber nicht pädagogisch wertvoll erscheinen.
– Videos sind eine gute Alternative, um Einfluss auf den Inhalt zu nehmen.
– Möglichst keine Werbung sehen lassen. Sender wählen, die keine Werbung anbieten (KI.KA.). Mit den Kindern über die Spots reden.

Zuwendung/Beschäftigung

- Eine Stunde pro Tag wirklich Zeit für die Kinder nehmen. Keine Hausarbeit nebenbei erledigen, und wenn, dann das Kind mit einbeziehen. Schon Vierjährige können Wäsche falten, am Kochen haben auch größere Kinder großen Spaß.
- Es kommt nicht auf die Menge der Stunden pro Tag an, sondern auf die Intensität der Zuwendung. Nicht bespielen, auf die Signale des Kindes achten. Vorlesen, Fingerspiele bei kleinen Kindern. Mit größeren Kindern Gesellschaftsspiele, zusammen malen, basteln.
- Wert auf Tätigkeiten legen, die die Sinne schärfen (Geschmacksspiele, Tastspiele, Fühlspiele).
- Rausgehen, Neugier wecken, Natur erklären, ohne zu belehren. Falls kein eigener Garten vorhanden ist, Alternativen suchen: die Bohne auf feuchtem Löschpapier, die Kräutersamen in der Schale im Fensterbrett und die Kinder selbst tun lassen.
- Reden, reden, reden und: zuhören, zuhören, zuhören.
- Anregen, Probleme selbst zu lösen, ohne auf die Unterstützung und den Schutz von Mutter oder Vater verzichten zu müssen.
- Viel bewegen, vor allem an frischer Luft. Bewegungsabläufe fördern: Klettern, Hangeln, Balancieren, Auf-einem-Bein-Hüpfen, Rolle vorwärts und rückwärts.
- Nicht verhätscheln: Hysterie beim blauen Fleck ist unangebracht. Ohne Gefahr Grenzerfahrungen machen lassen.
- Loslassen, das Kind seine eigenen Wege gehen lassen.
- Anteil nehmen an dem, was das Kind tut. Niemals auslachen oder witzeln. Kinder verstehen auch keine Ironie.
- Bei einem Vergehen nur darauf beziehen – es nicht insgesamt in Frage stellen (nicht »niedermachen«: Versager, Heulsuse …)
- In der Schule nicht und bei allen anderen Leistungen nicht unter Druck setzen. Das Kind muss wissen: Zuneigung ist leistungsunabhängig.

Grenzen/Verantwortung

– Ganz wichtig: Das JETZT durchhalten und NEIN sagen können (Konsequenz).
– Grenzen setzen und einhalten. Aber: Grenzen sind verschiebbar – je nach Entwicklungsstand und Alter des Kindes.
– Mindeststandards beim Essen und Benehmen einhalten.
– Aufräumen: mit kleinen Kindern (bis Vorschulalter) zusammen, größere allein.
– Strukturen aufbauen: Ruhezeiten, Tischzeiten, einen Tagesablauf. Das schafft vor allem bei kleinen Kindern Orientierung und Sicherheit.
– Rituale (zum Beispiel Schlafengehen).
– Sanktionen auferlegen und nicht davon abweichen. Besonders bei kontaktscheuen Kindern nicht Besuche untersagen oder absagen. Sinnvolle Sanktionen sind: Eis essen gehen muss warten, ebenso Kinobesuch, Vorlesen, gemeinsames Basteln.
– Bestrafungen in der Relation zum Fehlverhalten.
– Größeren Kindern regelmäßige Aufgaben stellen: Müll rausbringen, Abendbrottisch decken, Getränke aus dem Keller holen. Aufgabenumfang und -anspruch langsam steigern.
– Wohldosierte Mischung aus Behüten und Fordern, nicht für sie handeln, Eigeninitiative fördern.
– Keine Aufgaben übernehmen, die es selbst erledigen könnte: Anziehen, Brot schmieren, Schulranzen packen ...
– »All-inclusive-Atmosphäre« vermeiden (Mutter ist nicht für alles zuständig).
– Keine sofortige Wunscherfüllung (Spielzeug, Naschen, Essen/ Trinken, Schwimmengehen ...). Es muss lernen, seine Bedürfnisse auch aushalten und aufschieben zu können.
– Auch Eltern machen Fehler. Dazu stehen. Vor allem für größere Kinder ist die elterliche Entschuldigung wichtig für ihr Selbstwertgefühl (Vorbildwirkung).

Spielzeug

- Je jünger das Kind, desto weniger Spielzeug. Spielzeugzahl bei größeren Kindern beschränken.
- Auf die individuellen Anlagen (nicht gesellschaftlich anerzogenen Ansprüche) achten; danach richten, welches Spielzeug das richtige sein könnte.
- Optimales Spielzeug: altersgerecht, stabil, erweiterbar (Holzeisenbahn, Stecksystem, Puppe/Teddy mit Anziehsachen und Zubehör ...) nicht die zwanzigste Barbiepuppe und das dreißigste Auto.
- Auf ein Hauptgeschenk und zwei kleinere pro Geburtstag/Weihnachten beschränken. Kitschiges und viel Kleinkram sind unsinnig. Dinge, mit denen es mehrere Spieloptionen hat, sind optimal.
- Wünschen sich Kinder etwas, ist Vorsicht geboten. Oft stecken Statussymbole/Werbeeinfluss dahinter.
- Wünsche nicht unverzüglich erfüllen. Einige Zeit abwarten. Viele Wünsche erledigen sich von selbst, wenn sie nicht ernst gemeint sind.
- Teure Wünsche: Das (größere) Kind beteiligt sich mit seinem Taschengeld, einem kleinen Job, durch Sparen. Wenn sich der Wunsch über Monate hält, ist er ernst.
- Wenn der Wunsch nicht erfüllt werden wird, deutlich begründen, warum nicht. Ehrlich bleiben.
- Die Flut und die Ungezieltheit großelterlicher Geschenke eindämmen. Geschenke und Zeitpunkte des Schenkens vorher absprechen.
- Geschenke für die Eltern lieber selber machen: Kinder sollten in erster Linie nichts kaufen, sondern selbst überlegen und dann erschaffen (basteln, malen, Lied singen, kleine Kinder: Steine, Federn, Blätter ... sammeln und überreichen). Hauptsache, es ist etwas Eigenes. Positives Beispiel für die Konsumeinstellung der Kinder!

Computer/Internet

– Zeitlimits schaffen, Medienkonsum insgesamt begrenzen: Bei
  kleineren Kindern Zeit festlegen, bei größeren Zeit-Guthaben für
  eine Woche einführen.
– Zeit als Gesamtzeit festlegen: z. B. eine Stunde, bestehend aus ei-
  ner halben Stunde Gameboy und einer halben Stunde Fernsehen.
  Das Kind kann dann wählen, ob es in dieser einen Stunde lieber
  Gameboy spielt oder fernsieht oder beides tun möchte.
– Zeitempfehlung: Dreijährige höchstens zehn Minuten lang auf
  die Tasten drücken. Vier- bis Sechsjährige höchstens eine halbe
  Stunde, Sieben- bis Elfjährige: Zeitguthaben pro Woche sinnvoll,
  z. B. 8 Stunden Fernsehen/Computer/Internet, ab 12: offen für
  Ansprüche, mal ein, zwei Nachmittage kein Problem, aber nicht
  jeden Tag.
– Computerspiele. Beim Kauf: Altersbeschränkung beachten, sich
  vorher informieren. Radikalverbot ist unsinnig, auch für Spiele,
  die als nicht förderlich angesehen werden. Darauf achten, dass
  das Kind keine Spiele mit gewalttätigem, rassistischem, sexisti-
  schem oder pornografischem Inhalt spielt. Die Spiele selbst kennen und mit dem Kind darüber reden. Spielziel ansehen: Ist es
  konstruktiv? Lehrt es Fähigkeiten/Fertigkeiten? Kann man es mit
  mehreren spielen?
– Internet: Kindersicherung einbauen. In jungen Jahren begleiten.
  Über die Inhalte, die Angebote und Anzeigen sprechen. Sensibilität für Risiken lehren.
– Nicht abends vor dem Schlafengehen surfen/spielen.
– Bestimmte Seiten/Aktivitäten nicht nur verbieten, sondern auch
  begründen, warum.

Anmerkungen

Einleitung

1 Susan Linn: Consuming Kids. Protecting Our Children from the On-slaught of Marketing & Advertising. Anchor, 2005
2 KidsVerbraucher Analyse 2004
3 Quelle: T-Factory: Timscout 6. Welle 2004
4 siehe dazu: Familienanalyse 2002 Deutschland, Gruner&Jahr
5 Gabriele Gloger-Tippelt; Rudolf Tippelt (1986): Kindheit und kindliche Entwicklung als soziale Konstruktionen. In: Bildung und Erziehung 39
6 Prof. Eckart Bornsdorf, Universität Köln, unter http://www.innovations-report.de/html/berichte/studien/bericht-34526.html
7 Elmar Brähler, Yve Stöbel-Richter, Jörg Schumacher: Für und Wider eines eigenen Kindes: Der Leipziger Fragebogen zu Kinderwunschmotiven (LKM), erschienen in: Diagnostica 47 (2001)
8 nach: Prof. Guido Pollak (2002): Vorlesung »Veränderte Kindheit – veränderte Erziehung?«. Lehrstuhl für Allgemeine Pädagogik, Universität Passau
9 Franziska Eichstädt-Bohlig, MdB: Neue Zukunft für die Stadt. Diskussionspapier. Juli 2001 http://www.staedte-der-zukunft.de/Texte/Eichstaedt-Bohlig.htm
10 Susanna Conrad: Veränderte Kindheit – andere Kinder – andere Räume – andere Möglichkeiten. In: Kindergartenpädagogik, Online-Handbuch. http://kindergartenpaedagogik.de/940.html
11 Lebenslagen in Deutschland. 2. Armuts- und Reichtumsbericht der Bundesregierung. Berlin, 2005
12 Götz Hamann: Habe alles, bekomme mehr. Erschienen in DIE ZEIT 22/2004
13 aus: Online-Familienhandbuch, http://wwww.familienhandbuch.de/cmain/a_Archiv/s¹604.html
14 http://studsem-nhw.bildung-rp.de/ghs/aufsGaschNeu.htm
15 vgl. dazu auch: Netzwerk Rundbrief: Familie und Medien. Nutzung, Schutz und Kompetenzentwicklung. Dezember 2004. Herausgeber Institut für Entwicklungsplanung und Strukturforschung, Hannover

16 Bundesministerium für Wirtschaft und Arbeit: Verbreitung des Mobiltele-
    fons in Familien oder bei Alleinerziehenden und Kindern. http://
    www.bmwa.bund.de/Navigation/Wirtschaft/Telekommunikation-und-
    Post/Mobilfunk/gesundheit,did=38038,render=renderPrint.html
17 vgl. Umfrage des Marktforschungsinstituts INRA, Mölln, aus dem Jahr 2001
18 Der mpfs ist ein Kooperationsprojekt zwischen der Landesanstalt für
    Kommunikation Baden-Württemberg und der Landeszentrale für Me-
    dien und Kommunikation Rheinland-Pfalz.
19 Prof. P. Kraft
20 Netzwerk Rundbrief: Familie und Medien. Nutzung, Schutz und Kom-
    petenzentwicklung. Dezember 2004. Herausgeber: Institut für Entwick-
    lungsplanung und Strukturforschung, Hannover
21 GfK: erstes deutsches Marktforschungsinstitut in Deutschland, Informa-
    tionsdienstleister. Die Gruppe hat 120 Tochterunternehmen und be-
    schäftigt 5500 Mitarbeiter in 57 Ländern.
22 Quelle: UNESCO Medienstudie, Walter Klingler/Gunnar Roters/Oliver
    Zöllner (Hrsg.):Fernsehforschung in Deutschland. Themen – Akteure –
    Methoden. Südwestrundfunk-Schriftenreihe Medienforschung, Band 1
    (Teilband 2). Baden-Baden 1998. S. 545–558.
23 Quelle: AGF/GfK-Fernsehforschung/PC#TV/Media Control. Alle Daten
    aus 2004
24 Vgl. Studie »KIM 2002« des Medienpädagogischen Forschungsverbundes
    Südwest (MpFS) www.mpfs.de
25 http://www.heise.de/newsticker/meldung/40951
26 Quelle: http://neue-digitale.de Die Agentur NEUE DIGITALE ist auf On-
    line-Markenführung spezialisiert. Kunden: Daimler-Chrysler, Olympus,
    T-Mobile, Coca-Cola, adidas-Salomon. 30 Angestellte erwirtschafteten
    in 2003 knapp drei Millionen Euro Umsatz.
27 Symantec ist Marktführer auf dem Gebiet von Content- und Netzwerk-
    Sicherheit, Sicherheits-Appliances für Unternehmen, Privatanwender
    und Internet-Dienstleister. Bekanntestes und erfolgreichstes Produkt ist
    Norton. Symantec unterhält Niederlassungen in 35 Ländern und beschäf-
    tigt weltweit über 5000 Mitarbeiter.

Kinder im Visier der Unternehmen

1 KidsVerbraucherAnalyse 2003. Bauer Media KG, 2003
2 Cornelia Becker: Kinder im Netz der Werbewirtschaft. Sofia Diskussionsbeitrag zur Institutionenanalyse Nr. 02–2
3 vgl. Sofia Diskussionsbeitrag zur Institutionsanalyse Nr. 02-2
4 Tobias Gehle: Kinder im Netz. Internetnutzung von Kindern zwischen
   sechs und 13 Jahren. Diplomarbeit am Fachbereich Journalistik der Universität Dortmund 1998

5 Internetverträge mit Jugendlichen sind »schwebend unwirksam«. Sie gelten nur so lange, wie die Eltern keinen Widerspruch einlegen. Zahlt der Jugendliche nicht, bekommt der Händler nur dann sein Geld, wenn die Eltern nachträglich dem Kauf zustimmen. Falls nicht, kann der Händler die Ware zurückfordern, doch trägt er das volle Risiko für den Versand. Bei Streitigkeiten muss der Käufer belegen, dass dem Jugendlichen das Geld auch wirklich zur Verfügung stand.

6 Erste wissenschaftliche Forschungsarbeit zur Verbreitung von SMS in Deutschland. idw-Pressemitteilung der Universität Erfurt vom 18.8.2000

7 E-Mail Prof. Gerald Hüther, Universität Göttingen

8 Frost & Sullivan's Strategic Analysis Of The Global Fixed-Line SMS Market (Report B189)

9 Kilian Bizer: Anreizstrukturen der Akteure beim Kinder- und Jugendschutz in der Werbung. Eine institutionenökonomische Analyse. Sofia-Diskussionsbeiträge zur Institutionenanalyse. Sofia, Haardtring 100, 64295 Darmstadt

10 Die beschriebenen Seiten von T-Online waren im Jahr 2005 so wie beschrieben zu erreichen. Wir haben sie ausgedruckt und deren Existenz in der geschilderten Form ausführlich dokumentiert.

11 Stand: Mai 2005

12 Financial Times Deutschland v. 24.2.2005: Kein Schmutz in Deutschen Trefferlisten

13 URL: http://www.heise.de/newsticker/meldung/35289

14 Quelle: »Junge Verbraucher in Europa. Konsum- und Umweltverhalten von Kindern und Jugendlichen im 15-Länder-Vergleich«, Julia Fauth, Lehrstuhl für Wirtschaftssoziologie, Uni Bonn, 1999.

15 Quelle: Bundesverband der deutschen Banken (BdB), Jugendstudie 2003: Wirtschaftsverständnis und Finanzkultur

16 Quelle: Bundesverband der deutschen Banken (BdB), Jugendstudie 2003: Wirtschaftsverständnis und Finanzkultur

17 Martin Lindstrom, Patricia B. Seybold. »BRANDChild: remarkable insights into the minds of today's kids and their relationship with brands«. Kogan Page Limited, London, UK. 2003

18 Alexandra Ludwig: Kommerzialisierung der Kindheit. Universität Lüneburg, Fachbereich 1/Erziehungswissenschaften. WS 2001/2002. Dokument Nr. 11511 aus den Wissensarchiven von Global Research & Information Network (GRIN). URL: www.grin.de

19 Godehard Wakenhut
Zielgruppe Kinder: Zahlungskräftig und markenbegeistert. Gesellschaft für Innovative Marktforschung (GIM), 6.6.2003

20 Kinder, Jugend und Medien. Bericht zum internationalen Forschungsstand. Band 2. Herausgeber: Unabhängige Landesanstalt für Rundfunkwesen.

21 KIM-Studie 2003. Kinder und Medien Computer und Internet. Basis-

untersuchung zum Medienumgang 6- bis 13-Jähriger. Herausgeber: Medienpädagogischer Forschungsverbund Südwest, Baden-Baden.

22 Deutscher Werberat, Jahrbuch 2005. edition ZAW.

23 Medienerziehung im Kindergarten. Herausgegeben von der Landesanstalt für Rundfunk Nordrhein-Westphalen. Leske + Budrich, Opladen 1998

24 § 26 Abs. 1 und 3 des Rundfunkstaatsvertrages

25 Medienerziehung im Kindergarten. Herausgegeben von der Landesanstalt für Rundfunk Nordrhein-Westphalen. Leske + Budrich, Opladen 1998

26 Charlton, M., et al. (1995). Werbekonsum und Werbekompetenz von 4- bis 14-jährigen Kindern. In M. Charlton et al., Fernsehwerbung und Kinder. Das Werbeangebot in der BRD und seine Verarbeitung durch Kinder. Band 2: Rezeptionsanalyse und rechtliche Rahmenbedingungen (S. 31–74). Opladen: Leske + Budrich.

27 Godehard Wakenhut
    Zielgruppe Kinder: Zahlungskräftig und markenbegeistert. Gesellschaft für Innovative Marktforschung (GIM), 6.6.2003

28 Pressemitteilung der Stanford University, Center for the Advancement of Health vom 14. Juni 2001

29 Michael Carlton/Klaus Neumann-Braun/Stefan Aufenanger/Wolfgang Hoffmann-Riem: Fernsehwerbung und Kinder. Band 1. Leske + Budrich, Opladen 1995.

30 Klaus Neumann-Braun und Jens R. Erichsen: Kommerzialisierte und mediatisierte Kindheit – eine aktuelle Bestandsaufnahme. Aus: Michael Carlton/Klaus Neumann-Braun/Stefan Aufenanger/Wolfgang Hoffmann-Riem: Fernsehwerbung und Kinder. Band 1. Leske + Budrich, Opladen 1995

31 Pressemitteilung: http://www.kraft.com/newsroom/01122005.html

32 Pressetext Deutschland, Agenturmeldung

33 Reader's Digest: »European Trusted Brands 2005«

34 Quelle: GfK Panel Services Consumer Research

35 University of Carolina at Chapel Hill. Press release: Landmark study shows early education efforts can still be seen in young adulthood. 20.10.1999

36 URL: http://www.handelszeitung.at/ireds-8044.html

37 URL: http://www.jungschar.at/positionen/halloween.htm

38 Colorado State Study shades light on adolescents' response to beer ads. Public release, 14.10.1997. Colorado State University

39 Arch. Pediatr. Adolesc. Med. 2004; 158: 629–634. URL. www.archpediatrics.com

40 Arch. Pediatr. Adolesc. Med. 2004; 158: 629–634. www.archpediatrics.com

41 SPIEGEL ONLINE – 22. April 2004, 17:25.

http://www.spiegel.de/politik/deutschland/0,1518,296569,00.html

42 DER SPIEGEL 33/2004 – 09. August 2004
    URL: http://www.spiegel.de/spiegel/0,1518,313148,00.html

43 Pressemitteilung Nr.: 375 des Bayerischen Verbraucherschutzministeriums, 25. Oktober 2001

44 DER SPIEGEL 33/2004 – 09. August 2004
    URL: http://www.spiegel.de/spiegel/0,1518,313148,00.html

45 Deutsches Ärzteblatt, PP, Heft 5, Mai 2002

46 Deutsches Ärzteblatt, PP, Heft 5, Mai 2002

47 DER SPIEGEL 33/2004

48 LifeGen.de, Nachrichtenblock vom 23.6.2003

49 APA Agenturmeldung vom 24.3.1997

50 Statistisches Bundesamt: Zeit für Kinder – Betreuung und Ausbildung von Kindern und Jugendlichen. Studie im Auftrag des Deutschen Arbeitskreises für Familienhilfe.

51 Statistisches Bundesamt: Pressemitteilung vom 30. Mai 2003

Neuromarketing: Angriff aufs Kinderhirn

1   Presseinformation, Januar 2005

2   URL: www.kinderkampagne.de

3   Gerald Hüther: Die Folgen traumatischer Kindheitserfahrungen für die weitere Hirnentwicklung. Aufsatz, Dezember 2002

4   Karl Heinz Brisch: Wie Sie elterliches Fehlverhalten erkennen und vorbeugen. Münchner Medizinische Wochenschrift Nr. 12 vom 24. März 2005

5   ebd.

6   Anna Katharina Braun: Wie Gefühle unser Gehirn verändern. Vortrag an der Otto-von-Guericke-Universität Magdeburg am 4. Februar 2004

7   vor allem der Neurotransmitter und ihrer Rezeptoren wie Dopamin, Serotonin, GAB-Transmitter

8   Jörg Bock, Carina Helmeke, Wladimir Ovscharoff jr., Michael Gruß, Katharina Braun: Frühkindliche emotionale Erfahrungen beeinflussen die funktionelle Entwicklung des Gehirns. In: Neuroforum 2/2003

9   Sherri Smith Audiology and Neuro-Otology

10 John Bowlby: Elternbindung und Persönlichkeitsentwicklung. Therapeutische Aspekte der Bindungstheorie. Heidelberg, 1995

11 vgl. Karl Gebauer, Gerald Hüther: Kinder suchen Orientierung, Walter-Verlag 2002; Kinder brauchen Wurzeln. Walter-Verlag, 2001; Kinder brauchen Spielräume. Walter-Verlag, 2003

12 Hubert Markl, Präsident der Max-Planck-Gesellschaft: Ansprache zur Festveranstaltung am 9. Juni 2000

13 Anna Katharina Braun: »Wie Gefühle unser Gehirn verändern«. Abend-

vortrag vom 4. Februar 2004, Otto-von-Guericke-Universität Magdeburg

14 die tageszeitung: Die Verblödung fängt mit der Geburt an. Interview mit Anna-Katharina Braun vom 28.10.2002

Das Spiel und seine Bedeutung für den Konsum

1 Frank Müller: Markenkids. http://(literaturkritik.de/public/druckfassung

2 Craig Ramey: Preparing America's Children for success in School, Paper prepared for Invited Address White House Early Childhood Summit on Ready to Read, Ready to Learn. Denver, Colorado, May 21, 2003

3 Rainer Korte, Silvia Gregarek: Warum Computerspiele faszinieren. Hrsg. Jürgen Fritz. JUVENTA, 1995

4 verkürzte Fassung der Aufzählung nach Rainer Korte, Silvia Gregarek: Warum Computerspiele faszinieren. Hrsg. Jürgen Fritz. JUVENTA, 1995

5 Hanne Tügel: Kult ums Kind. Aufwachsen in der Kaufrauschglitzercybergesellschaft. Beck'sche Reihe. Verlag C. H. Beck, München, 1996

6 c't 4/2000

7 sueddeutsche.de vom 29.7.2002

8 SPIEGEL ONLINE vom 28. Juni 2005

9 SPIEGEL ONLINE vom 28. Juni 2005

10 Wolf Singer: Was kann ein Mensch wann lernen? Vortrag zum ersten Werkstattgespräch der Initiative McKinsey in der Deutschen Bibliothek Frankfurt/Main, 12. Juni 2001

11 Visuellmotorische Störungen können auch Folge einer Hirnverletzung oder einer Erkrankung (Tumor) sein. In dem beschriebenen Test war die Katze nachweislich gesund.

12 Anthony Storr: Lob der Aggression. Erkenntnisse der Verhaltensforschung. Econ, München, 1982

13 Dass diese Annahme so nicht richtig sein kann, dokumentiert ein Blick in die polizeiliche Kriminalstatistik. Zwar sind jugendliche Tatverdächtige bei Delikten wie Körperverletzung nach wie vor überwiegend Jungen, doch hat sich der Abstand zu den Mädchen bei schwerer und gefährlicher Körperverletzung seit den 1980er Jahren stetig verringert.

14 Gunter A. Pilz: Zur Bedeutung von Sport, Spiel und Bewegung in der schulischen Gewaltprävention. http://www.ringen-aktuell.de/projekt03/dwnld170303.doc

15 nach Anita Heiliger: Zu Hintergründen und Grundsätzen einer antisexistischen Jugendarbeit. In: Ingo Bieringer, Walter Buchacher, Edgar Forster (Hrsg.): Männlichkeit und Gewalt. Konzepte für die Jugendarbeit. Opladen 2000

16 DIE ZEIT 42/2000

17 Sie betrachten Frauen als permanent zur Verfügung stehende ausbeut-
    bare Ressource – als Geschlechtspartnerin, als Haushälterin, als Mutter;
    haben sie selbst Kinder, ziehen sie sich aus dem Familienleben und der
    täglichen Erziehungsarbeit zurück und spielen nur Nebenrollen; den Bei-
    schlaf reduzieren sie auf Leistungsparameter wie Länge des Penis, Häufig-
    keit des Geschlechtsverkehrs und des weiblichen Orgasmus. Auch sind
    sie außerstande, bei ernsthaften gesundheitlichen Problemen frühzeitig
    um ärztliche Hilfe zu bitten oder, ganz allgemein, über ihre Empfindun-
    gen, Wünsche und Probleme zu sprechen.
18 http://www.orf.at/050523–87269/index.html?url=http%3A//
    www.orf.at/050523–87269/87271txt_story.html
19 Waltraud Cornelißen: Bildung und Geschlechterordnung in Deutsch-
    land.   http://66.102.9.104/search?q=cache:W2ZhkW7QfNcJ:cgi.dji.de/
    9ªrchiv/korrkurzLMU051103_kui.doc+%22konnotierten+Lernberei-
    chen%22+&hl=de
20 Quelle: Statistisches Bundesamt Wiesbaden
21 Martin Holtmann, Fritz Poustka, Martin H. Schmidt: Biologische Korre-
    late der Resilienz im Kindes- und Jugendalter. Erschienen in Kindheit
    und Entwicklung. Hogrefe-Verlag, Oktober 2004, Vol. 13, Nr. 4
22 Interview mit Andrea Schauer in mobil. Das Magazin für die Bahn. Nr.
    06/05
23 Stefan Aufenanger: Umfang und Programmfeld von Kinderwerbung:
    Spotwerbung für Kinder und mit Kindern im deutschen Fernsehen. In:
    Charlton/Neuman-Braun/Aufenanger u.a.: Fernsehwerbung und Kin-
    der. Band 1. Opladen 1995
24 Simone Baumunk: Kinderwerbespots im Fernsehen. Hausarbeit an der
    Universität Köln, 2001
25 Hans Dieter Erlinger: Kinder und (Fernseh)Werbung. Eine Literaturstu-
    die. Hrsg. Verband Privater Rundfunk und Telekommunikation e.V. Sie-
    gen, Böschen 1997
26 Regina Becker-Schmidt: Von Jungen, die keine Mädchen und von Mäd-
    chen, die gerne Jungen sein wollen. In: Gudrun Axeli Knapp (Hrsg.): Das
    Geschlechterverhältnis als Gegenstand der Sozialwissenschaften. Frank-
    furt/Main 1995
27 Anke Rohde, Anita Riecher-Rössler (Hrsg.): Psychische Erkrankungen
    bei Frauen. Für eine geschlechtersensible Psychiatrie und Psychothera-
    pie. Karger Verlag, 2001
28 Monika Stürzer, Henrike Roisch, Annette Hunze, Waltraud Cornelißen:
    Geschlechterverhältnisse in der Schule. Leske + Budrich, Opladen, 2003
29 WSI/INIFES/Forschungsgruppe Tondorf: Bericht zur Einkommenssitua-
    tion junger Frauen und Männer. Im Auftrag des BMFSFJ. Materialien zur
    Gleichstellungspolitik 85/2002
30 Waltraud Cornelißen: Bildung und Geschlechterordnung in Deutsch-
    land. Deutsches Jugendinstitut München. http://66.102.9.104/se-

arch?q=cache:W2ZhkW7QfNcJ:cgi.dji.de/9ªrchiv/korrkurzL-
MU051103_kui.doc+%22konnotierten+Lernbereichen%22+&hl=de
31 Waltraud Cornelißen: Bildung und Geschlechterordnung in Deutschland. Deutsches Jugendinstitut München. http://66.102.9.104/se-
arch?q=cache:W2ZhkW7QfNcJ:cgi.dji.de/9ªrchiv/korrkurzL-
MU051103_kui.doc+%22konnotierten+Lernbereichen%22+&hl=de

Ohne Worte: Wie Konsum das Sprachvermögen zerstört

1 Zeit 42/2000
2 Ärzte Zeitung vom 21.2.2005
3 Ärzte Zeitung vom 12.5.2004
4 Ärzte Zeitung vom 19.9.2003
5 Pressemitteilung der Stiftung Lesen vom 5. Februar 2002
6 FOCUS Nr. 25 vom 25. Juni 2005
7 nach   http://www.kinderbuch-couch.de/kindgerechte-foerderung-der-
sprache-die-bedeutung-der-sprache.html

Geschmacklos in die Zukunft

1 www.morgenwelt.de
2 Greenpeace Magazin 6/2004
3 Eric Schlosser: Fast Food Gesellschaft, Random House 2003
4 Arbeitskammer Wien, Abteilung Konsumentenpolitik: Kinderlebensmittel – Schein und Sein. Studie 51/2000

Tricks und Tipps

1 Prasad, Kanti/Rao, et.al: Can people affect television? Mother versus
commercial. Journal of Communication, 28/1978/1 S. 91–96
2 http://www.dji.de/www-kinderseiten/angebot.htm

Marita Vollborn, Jahrgang 1965. Agronomie-Studium an der Humboldt-Universität zu Berlin und Journalistik-Studium in Hannover. Freie Wissenschafts- und Wirtschaftsjournalistin, u. a. für Frankfurter Rundschau, bild der wissenschaft oder Focus-Magazin. Autorin bei SPIEGEL ONLINE, seit 1992 freie Journalistin.

Vlad Georgescu, Jahrgang 1966. Studium der Chemie an der TU Hannover und Journalistik-Studium in Hannover. Freier Wissenschafts- und Wirtschaftsjournalist seit 1992 u.a. für SPIEGEL ONLINE, Handelsblatt, Süddeutsche Zeitung, Wirtschaftswoche und anderen Medien.

Zuletzt erschien bei S. Fischer »Die Gesundheitsmafia. Wie wir als Patienten betrogen werden.«